¿Qué tal y si sí?

Las 11 claves
para TRANSFORMAR
EL FRACASO EN ÉXITO

Joel Martínez Luna

¿Qué tal y si sí?
Las 11 claves para transformar el fracaso en éxito

Primera edición: Febrero de 2020
Segunda edición: Febrero de 2023

D.R. © 2019, Joel Gilberto Martínez Luna

Diseño de portada: Yadira Ayala Ríos

¿Qué tal y si sí?

"Renace de tus cenizas, amada Ave Fénix, renace para volver a volar más alto e iluminar el camino de los desamparados y perdidos"

Las 11 claves
para transformar el fracaso en éxito

1. Deja de mendigar migajas a la vida.
2. Atrévete a soñar en grande.
3. Prepara el escenario.
4. Reconcíliate con el pasado.
5. Conócete a ti mismo.
6. Alimenta una autoimagen de campeón.
7. Redefine tus creencias.
8. Encuentra un mentor.
9. Crea un plan de acción.
10. Mantén altos niveles de energía.
11. Disfruta el momento presente.

La fabulosa Ave Fénix, es parte de una fábula de la mitología clásica. Los expertos todavía no se ponen de acuerdo en dónde se originó, si en Grecia, Egipto o China. Considero que eso es lo menos importante. Lo que sí es interesante, es que se hace mención en diversas culturas, tan distantes y diferentes como China y Grecia.

El ave de fuego, se cuenta, es sobreviviente del jardín del edén al resistir a la tentación, haciéndola inmortal; un ave con plumajes de fuego, que vuela en lo alto, para después de cumplir con su misión, construir un nido con maderas de sándalo y consumirse en su propio fuego hasta ser reducida en cenizas, para después de 500 años renacer de las mismas.

De la misma manera, todos tenemos dentro, un fuego que nos consume. Ese fuego, es el deseo genuino de progresar, ser mejores, tener una vida extraordinaria y con sentido.

Finalmente, las personas que triunfan, son aquellas que avivan esa llama. Por eso, cuando miras fijamente a los ojos a ese tipo de personas, alcanzas a ver un brillo especial y magnético. Tengo la corazonada que tú eres de esa especie.

Al igual que el ave mitológica, cada determinado tiempo somos consumidos en el fuego, hasta ser reducidos en cenizas, lo cual representa que debemos renacer, renovarnos y rediseñarnos cada cierto tiempo, para poder volver a volar más alto e iluminar el firmamento.

Querida ave fénix, esta obra la escribí con todo mi corazón, con el deseo y anhelo que de que te sirva como reflexión para que puedas volar en las alturas, ser inspiración y convertirte en un referente de las personas que te rodean. Por lo tanto…

¡Es tiempo de volar y brillar en las alturas!

*Si todo fuera posible, ¿qué te atreverías a soñar,
emprender, materializar?
Si el favor de Dios siempre te acompañara (que así es) y el
viento soplara favoreciéndote ¿qué realizarías?
Pregúntate: ¿Qué tal y si sí?, ¿por qué no?
¡Vamos amado conquistador de sueños! ¡Atrévete!*

Comentarios acerca de Joel

Joel Martínez es un hombre apasionado, inquieto y con altos niveles de energía. Un ser humano que ha caído, pero también se ha levantado. Ha sacado la casta, ha reconocido sus errores e inclusive pedir disculpas no es sencillo y tu elegiste hacerlo. Te reconozco por ser valiente, sacudirte el polvo, sanar tus heridas y redireccionar tus pasos caminando hacia tus metas, trascender, dejar un legado y sé que lograrás inspirar por generaciones aun cuando tu cuerpo físico trascienda.

Sigue inspirando, sigue siendo la mejor versión de ti.

Gisel Fuentes
Líder Diamante y Coach de vida y negocios
.

"Si alguien puede hablar del éxito acelerado empezando de cero es Joel, y ese no es su mayor don, su verdadero éxito es su enorme corazón que comparte sin expectativas".

Mario Sandoval, Socio Fundador AMFI,
Academia Mexicana de Formación Integral

Conocer a Joel es y será de lo más maravilloso que ha puesto Dios en mi vida, su amistad, su liderazgo ha impactado mi vida y la de miles de personas, gracias Joel por siempre.

Aracely López Segura
Líder Diamante Immunotec y coach de negocios

Conozco a Joel desde hace muchos años, desde que éramos muy jóvenes. Sé de dónde viene y lo mucho que ha trabajado. Para él no ha sido nada fácil llegar hasta donde está, pero una de las muchas cosas buenas que ha hecho Joel es no rendirse jamás. Él no solo ha tenido sueños, sino que ha invertido en su preparación para alcanzar las metas que se propone. Los fracasos que ha experimentado han sido una escuela para forjar su carácter y reinventarse cuántas veces ha sido necesario. *"¿Qué tal y si sí?"* No solo es un libro con métodos y recomendaciones para alcanzar el éxito, sino que además está inspirado en un cúmulo de experiencias vividas por Joel, con el fin enseñar y motivar a los lectores que están cansados del fracaso, en cualquier área de su vida. La frase del título es desafiante: *"¿Qué tal y si sí?"* ¡Nos confronta con la posibilidad del éxito cuando creemos en nosotros mismos y en las habilidades que Dios nos ha dado! Además, como un dato interesante, en este libro podemos ver las fuertes convicciones que tiene Joel, convicciones que hablan de su fe y conocimiento en la palabra de Dios, piedra angular en su formación, en todos los logros y éxitos que ha tenido hasta el día de hoy.

Pastor Joaquín Cruz Patiño,
Colaborador de Una Vida Con Propósito para América Latina

Acerca de Joel

www.joelgilmartinez.com

Dedicatoria

He aprendido la importancia de tener un mentor, maestro o guía. A veces creo que lo he aprendido demasiado tarde, pero dicen por ahí que "nunca es tarde". Por lo tanto, quiero honrar a dos de mis primeros maestros y guías: a mi padre que ya partió de este plano material, del cual aprendí a trabajar y esforzarme. Él, me inculco el amor a la lectura. Un hombre contumaz. Te amo padre y te bendigo en donde te encuentres; y a mi madre que ama a cada uno de sus hijos de una manera desmedida. Me recuerda a una mamá gallina que desea tener a sus crías debajo de sus alas, tratando de protegerlos de todo peligro (muchos de ellos imaginarios). Gracias amados maestros, gracias por sus enseñanzas.

Agradecimientos Especiales

¡**W**ow! Han sido muchos los ángeles que han participado en la realización de esta obra, de una manera directa o indirecta.

Sería un poco complicado nombrar cada uno de ellos, pero tú, al ser parte de todo esto, al creer en este proyecto, al creer en mí, me has animado y motivado a continuar, a pesar de los retos en el camino.

Escribir este libro ha sido toda una transformación, un renacer de mis cenizas.

Gracias a Chuy Trujillo por ser un ejemplo de trabajo y entrega a la vida. A pesar de los tremendos retos que tienes, eres todo un espartano, digno de ser seguido.

Gracias a mi maestra de literatura Pao, por enseñarme a sacar lo mejor de mí y plasmarlo a través de las letras.

Gracias a mi prima Yadira por la extraordinaria portada. Lograste captar mi visión del Ave Fénix, del renacer, eres toda una artista.

Gracias a la *"Comunidad de conquistadores de sueños"*, que con su deseo de ser mejor y tener una vida extraordinaria, cada miembro me reta a ser mejor cada día.

Gracias a mi amada familia, a mi chaparrita que siempre a creído en mí, gracias amados ángeles por ser parte de este sueño, hoy hecho realidad.

Joel G. Martínez Luna

¿Qué tal y si sí?

Capítulo 1
Renaciendo de las cenizas

"Sentía dentro de mi pecho, un fuerte sonido intermitente, que salía de lo más profundo de mi corazón, que me gritaba: ¡Atrévete!"

Mi corazón palpitaba fuertemente como si fuera un tambor que resonaba preparando las tropas para la batalla, mis ojos expulsaban fuego. Me percaté de que había unos reconocimientos de cristal a un costado, producto de glorias pasadas; los miré con furia, como si ellos fueran los culpables de las calamidades que estaba viviendo.

Tomé uno de ellos, el más grande, de un fino cristal, lo apreté fuertemente entre mis manos, lo levanté para tomar impulso y lo estrellé contra el piso. Se fragmentó en mil pedazos, como si fuera un cometa que se colisionara contra un planeta gigante. Volteé a la mesa donde se encontraban más galardones de cristal y tomé cada uno de ellos, repitiendo la escena, hasta que no quedó ninguno. Los vidrios rotos en el piso, se asemejaban a una constelación de estrellas.

Mi nivel de frustración se encontraba más allá de lo que pudiera soportar: estaba pasando por una racha de infortunios, ya que meses antes había quebrado mi negocio, por malas decisiones administrativas. Mi pareja me abandonó, vivía en una bodega prestada y para colmo de males, dormía en un colchón inflable al que a lo largo de la noche se le fugaba el aire, quedando desinflado totalmente, tal como se encontraba ponchada mi autoestima y encima de todo, ese día no tenía dinero ni para comer.

No pude evitar recordar esa parte de mi vida, momentos antes de entrar al majestuoso escenario. Ya habían pasado algunos años desde ese suceso, me dije: "Wow, ¡cómo puede cambiar la vida de una persona en tan poco tiempo!". Tras bambalinas escuchaba a la gente como si fueran leones que rugían emocionadamente y ahora era mi turno. Me asomé, el auditorio, estaba repleto. Me puse un poco nervioso, algo que hasta este momento no he podido superar antes de entrar a cada conferencia que imparto, pero eso se ha convertido en una señal de que algo grande está por suceder.

Antes de entrar al escenario, pasó una idea por mi mente: si existiera el auto *DeLorean*, de la película *"Volver al futuro"*, que tiene la capacidad de viajar en el tiempo y lo comercializaran, indudablemente, yo lo compraría. El momento que elegiría para regresar al pasado, sería en el instante en el que me sentía sumamente frustrado y estaba a punto de despedazar los reconocimientos, en el preciso momento en que estaba a punto de estrellar la primera presea de cristal contra el piso… llegaría por detrás, tomaría mi brazo y me diría:

- ¡Joel, no lo rompas! Dentro de poco tiempo tu vida cambiará... ¡Cree en ti!, ¡cree en ti! -.

En ese ciclo negativo y limitante, en vez de vivir, estamos sobreviviendo con las migajas de la vida, recogiendo lo que va quedando al paso del caminar de otras personas. ¡Eso no lo deberías de tolerar ni un día más!, ¡deja de mendigar migajas a la vida!, ¡deja de tolerar!

PRINCIPIO FÉNIX PARA EL ÉXITO #1
¡Deja de mendigar migajas a la vida!
¡Deja de tolerar!

A lo largo de mi vida, he permitido muchas cosas que no debería de tolerar: relaciones inarmónicas, relaciones tóxicas, malos hábitos, sobrepeso, carencia, pensamientos limitantes, culpa, victimismo y la lista sería interminable; todo esto, generado por múltiples razones, como baja autoestima, miedo, inseguridad, *"el qué dirán"* y otros factores.

Querido conquistador de sueños ¡Es tiempo de poner un alto! Las personas me preguntan -Joel ¿qué es lo que ya no debería de tolerar y eliminar de mi vida? -, siempre respondo -Lo que no te suma, no te enriquece o no te hace feliz-. La vida es tan breve, tan breve y efímera, que **el papel de mártir es algo que no deberías de tolerar más.**

Es cierto que habrá momentos y situaciones no deseadas, pero si las estás viviendo, tienen su razón de ser. En el universo existen leyes que rigen la vida, una de las más poderosas, es la ley de causa y efecto, por lo tanto, todo lo que experimentas tiene un por qué y también un para qué. Definitivamente, si estás pasando por una situación no deseada, fue porque tú lo originaste y es para que aprendas algo. ¡Abre tus ojos! En vez de victimizarte, extrae el aprendizaje de esa circunstancia para que la puedas trascender y te prepare para enfrentar nuevos retos con mayor sabiduría.

PRINCIPIO FÉNIX PARA EL ÉXITO #2

¡Abre tus ojos! En vez de victimizarte, extrae el aprendizaje de esa circunstancia, para que la puedas trascender y te prepare para enfrentar nuevos retos con mayor sabiduría.

En muchas ocasiones que elegí ponerme en posición de víctima, cerrando los ojos como si todo estuviera bien - aunque la realidad me gritase lo contrario-: el momento en que tenía que pagar una cuenta, veía mi cartera, descubría que no había ni una moneda de pequeña denominación y con una falsa fe, dirigía la mirada al cielo, exclamando religiosamente y con un tono de misa gregoriana: *"Dios proveerá";* pero me quedaba sentado sin hacer nada para cambiar mi situación. Con el tiempo, he aprendido que hay que practicar la *"Ora-acción",* lo cual significa que hay que pedir a Dios, pero también ponernos de pie para encontrarnos con los milagros en el camino. Así que ¡por favor haz algo para que Dios te pueda ayudar!, recuerda siempre que Él está de tu lado, no lo dudes jamás.

¡Basta ya, basta ya! Identifica qué debes de eliminar de tu vida, sacar, expulsar… cosas que no te están haciendo crecer, relaciones tóxicas, circunstancias que no te hacen feliz

¡Fuera, fuera! ¡Sé feliz, porque la vida es un breve, pero hermoso suspiro!

Es tiempo de hacer una evaluación de tu vida, hoy es el momento para reflexionar respecto a este tema, ya no lo puedes aplazar. Toma papel y pluma. **Escribe cinco cosas, que urgentemente tienes que eliminar de tu vida:** que te roban energía, que no te hacen feliz o que ya no te enriquecen. Después escribe a un lado de cada una de ellas, la acción que necesitas implementar para hacer una transformación positiva, que te permita dejar fluir la energía que se encuentra estancada y comenzar a vivir en plenitud.

"Dios no te creó para ser un mártir, te creó para ser feliz"

PRINCIPIO FÉNIX PARA EL ÉXITO #3

Implementa acciones que te permitan dejar fluir la energía estancada, para hacer una transformación positiva en tu vida.

¿Quién lleva el timón?

Esa mañana, mirándome al espejo, descubrí al responsable de todo lo que estaba viviendo, de todas mis calamidades e infortunios. Anteriormente, siendo un total irresponsable, había responsabilizado de los sucesos no deseados de mi vida a otras personas: a mi pareja, a Dios, a mis padres, al gobierno y si tú hubieras pasado frente a mí ¡hasta a ti te hubiera responsabilizado y echado la culpa!

Fui a la alacena y tristemente descubrí que no había absolutamente nada para comer. Ese día, mis demonios interiores se exacerbaron, como si hubiera toda una revuelta dentro de mi ser. Hubo tanto dolor emocional en ese instante y una voz audible me decía *"Tú eres el responsable y tú lo puedes solucionar"*. Inició una catarsis en mi ser, entendiendo que era el momento de tomar el timón de mi barco llamado *"vida"*, que si no era yo entonces ¿quién sería?

Cuando me preguntan: "Joel, ¿En qué momento tu vida empezó a cambiar?" la respuesta no es "cuando coseché los frutos", sino "En el preciso instante en que tomé el timón del barco".

PRINCIPIO FÉNIX PARA EL ÉXITO #4
Para que tu vida empiece a cambiar, debes primero tomar el timón de tu barco, haciéndote responsable de lo que te está ocurriendo.

Fue ese el momento de inflexión, el de no retorno, ya que, a partir de ese instante, cuando estoy viviendo algo que no deseo, sé claramente quién es el responsable **"yo"**. Cuando tú te reconozcas como el responsable de tu vida, de lo que estás generando, recobrarás tu poder interior para elegir una vida mejor, pero lo más importante, para crearla. ¿Sabes? Tenemos el poder de modificar nuestro entorno a nuestro placer.

En Baja California, México hay un maravilloso valle, que está enclavado en una zona semidesértica y aunque está en tan estéril territorio, actualmente se ha convertido, en todo un oasis, donde encontrarás hermosos viñedos, de los cuales se preparan los más exquisitos vinos a nivel internacional. Además, es todo un deleite para la vista, contrastando con el árido paisaje.

En ese lugar denominado *Valle de Guadalupe*, un fraile Dominico, *Fray Félix Caballero*, tuvo la visión de tener un viñedo. Eso lo vio en su mente, porque sus ojos sólo podían mirar un lugar estéril, pero a pesar de la burla y muchas veces oposición, se aferró a su visión y casi 200 años después, es un valle de los más fructíferos de México. Cuando te responsabilizas de tu vida, te paras en tu grandeza, te

reconoces como co-creador con nuestro amoroso padre celestial, eres facultado para diseñar y materializar la vida que tanto deseas.

Llega una mujer conmigo a una sesión de coaching, saliendo a colación una situación con su pareja. Ella empieza a despotricar, enfocándose en todos los defectos de él: borracho, flojo, desatendido, irresponsable y podría continuar con más adjetivos calificativos negativos, la lista era larga. ¡Termina exclamando - ¡Estoy harta de mi marido! -. Yo le comento mi filosofía respecto al éxito, puntualizando que en todo lo que vivimos hay algo de responsabilidad de parte de cada uno de nosotros. Ella se niega un poco molesta y me dice con tono desafiante: - ¡Joel, por favor, yo no soy la borracha, ni la desobligada!, no entiendo cuál es mi parte de responsabilidad en todo esto-.

Realmente quedé un poco desconcertado, porque aparentemente, tenía toda la razón. En silencio medité un poco el caso y le pregunté: - ¿De casualidad, cuando eran novios, tu ahora marido, tomaba ya en exceso? - ella baja la mirada asintiendo. La vuelvo a cuestionar: -Por cierto, ¿antes de casarte, tus amigas te decían "no te cases con él"? - no respondió, pero por su expresión entendí que así fue. Para rematar le pregunté: - ¿Tus padres, estaban de acuerdo? - con un tono solemne y un rostro desencajado respondió -No, no estaban de acuerdo-. Le dije -Creo que tu parte responsable fue no escuchar consejos, a pesar de todas las señales que la vida te estaba proporcionando-.

"Yo soy el único responsable de mi vida, Dios me facultó con la capacidad de diseñar y crear la vida que yo tanto he anhelado, retomo el control, tomó el timón de mi barco y lo dirijo hacia el éxito, la plenitud, el amor y la felicidad"

Tirando el lastre

Cuando voy a ascender a la cumbre de alguna montaña, soy muy selectivo de qué voy a poner en mi mochila de montañismo, porque después de varias horas de ascenso, la mochila pesa como si llevara piedras. De esta manera, para avanzar en la vida, debemos de tirar las cargas emocionales que no nos corresponden o que ya no nos ayudan para lograr una vida mejor.

Recuerdo que en los momentos en que la estaba pasando mal emocional y financieramente, me había llenado de rencor y emociones tóxicas. Todo esto representaba un verdadero lastre en mi vida y literalmente llegaba en la noche, cansado y con un fuerte dolor de espalda, pues las emociones negativas pesan. A menudo observo cómo las personas caminan lentamente y encorvados, como si tuvieran en sus espaldas, una mochila invisible muy pesada, donde seguramente cargan con muchas culpas y recuerdos que los atormentan y que se han rehusado a tirar.

"Lo que es mío viene de una manera fluida y fácil, lo que no es mío que se vaya en armonía"

Es muy complicado poder avanzar con un lastre, con una maleta llena de cargas emocionales. Si no tiras a tiempo lo que ya no te corresponde o ya no te sirve, las voces internas se acentuarán, diciéndote al oído o muchas veces gritándote cosas como: - ¡Eres un inútil, fracasado cobarde, tonto…! (y tantas cosas que no nos permiten enfocarnos en las posibles soluciones para tener una vida mejor).

PRINCIPIO FÉNIX PARA EL ÉXITO #5
Vacía tu maleta de cargas emocionales.
Tira el lastre que ya no te corresponde
o no te sirve y que no te permite avanzar.

Muchas personas tienen el alma rota, por circunstancias en su niñez y experiencias que se van acumulando a lo largo de su vida. Éstas son, heridas del alma. Por eso en la actualidad existen muchas personas que llevan vidas "disfuncionales" aunque no deseen vivir así -porque realmente, ¿quién quiere vivir así? -. Nadie se levanta por la mañana diciéndose a sí mismo "¡hoy voy a llevar una vida de fracasado!". La mayoría de las personas no tienen como objetivo *"sanar su alma"* y avanzan en su día a día con esas heridas abiertas. Ante la más mínima situación adversa, esa herida sangra, generándole más dolor y generando dolor en quienes lo rodean -ya que cuando alguien que amas sufre, es muy difícil no sufrir-.

"Solo pedirá ayuda, el que reconozca que necesita ayuda"

Cuando un animal está herido, por instinto de sobrevivencia, cuando alguien se acerca a él para ayudarle, responde agresivamente, tratando de defenderse, porque cree que le harán más daño, aunque la intención sea otra. Por eso lo mejor que podemos hacer por quienes amamos, es convertirnos en una mejor versión de nosotros mismos, en un ejemplo a seguir, en inspiración y luz, para que ellos, con su libre albedrío -si así lo desean-, se acerquen a nosotros para que los apoyemos.

En alguna ocasión, en la ciudad de Guadalajara mi padre y yo tuvimos la oportunidad de reunirnos junto con un pequeño grupo de personas con el maestro *Depack Chopra*. Como muchos saben, él es un gurú en el tema de la conciencia humana y la espiritualidad, toda una celebridad a nivel mundial. Yo en lo personal estaba sumamente emocionado, ya que lo sigo desde hace muchos años. Lo tenía cerca de mi mesa y después de su charla, hubo una sesión de preguntas y respuestas. Una mujer levanta la mano, le pasan el micrófono y le pregunta a Depack: -Maestro, en semanas pasadas aquí en Guadalajara, hubo algunos disturbios, un grupo de delincuentes, quemó autos en las avenidas principales, ¿qué opina de estos criminales? -. Depack respondió con una voz firme y serena: -Solo Dios sabe qué pasaron durante su vida, en su infancia o adolescencia, para llegar a convertirse en lo que son actualmente. Si nosotros hubiéramos vivido lo que ellos vivieron, es muy probable que hubiéramos llegado a hacer cosas similares. Por lo tanto, no juzgo ni opino al respecto. Lo único que puedo hacer por ellos, es ser mejor cada día y orar por ellos-. En silencio volteé a ver a mi padre sorprendido por tan magistral respuesta.

Esa noche, antes de dormir, no pude evitar recordar las palabras de Depack y reflexioné que, durante mi vida, he dañado a muchas personas -sin intención-, por mis errores del pasado, en ese proceso de autodescubrimiento. Pero de corazón les digo que, si pudiera hacer algún cambio en mi vida, cambiaría el no haberlos dañado y pido perdón a las personas, porque en este juego de la vida, en cada momento hacemos lo que podemos, con los recursos con los que contamos. Por lo tanto, amado amigo, amada amiga, es tiempo de soltar cargas. Una de las más pesadas es la culpa, suéltala y sé libre.

Esa noche tome una decisión: perdonarme por mis errores y perdonar a las personas que yo sentía que me habían dañado. Fue un momento liberador en mi vida. Fue como tirar una bolsa llena de piedras, que estaba cargando inútilmente.

PRINCIPIO FÉNIX PARA EL ÉXITO #6
Perdónate por tus errores y perdona a las personas que te han dañado. Te liberarás del sufrimiento emocional y podrás enfocarte en lo que quieres.

¿Hasta cuándo?, ¿hasta cuándo seguirás aferrado a ese morral que contiene tanto sufrimiento?, ¡suéltalo, no es tuyo y nunca lo ha sido! Suéltalo ya, para que puedas avanzar firme y rápidamente hacia el éxito y una vida en plenitud.

"Te amo y te acepto tal como eres, mereces ser feliz, te pido perdón y te perdono, te deseo lo mejor, que seas feliz. Dios te perdona, Dios te bendice, Dios te respalda.
Me amo y me acepto tal como soy, me pido perdón y me perdono, merezco ser feliz y brillar como una estrella en la noche. Merezco una vida mejor, una vida con sentido, una vida extraordinaria"

Ahora entiendo que todo lo que ha pasado en mi vida ha sido perfecto. Pido perdón de corazón, a las personas que en mi evolución he afectado, en especial a mí mismo. Ahora he aprendido a amarme y aceptarme.

No son errores, son experiencias

Despertando de ese letargo emocional, comprendí que merecía una nueva oportunidad, para ser feliz, para triunfar, para tener una vida con sentido. Fui consciente de que cada momento fue parte de las lecciones de la universidad de la vida y que, al no rendirme, fui facultado para el éxito que actualmente estoy disfrutando. Estoy sumamente emocionado de lo que está por venir a mi vida, en esos momentos alcanzo a vislumbrar claramente mi misión: ayudar a las personas a despertar las capacidades ilimitadas, que todos tenemos, para vivir una vida apasionada. Todo ese dolor que sentía dentro de mí, era para poder entender a quién está pasando lo mismo que yo. En la Biblia hay un texto que ahora comprendo y que había leído hacía mucho tiempo, pero no había entendido, tenía que vivirlo para poder interpretarlo:

"Dios nos consuela en nuestras tribulaciones, para que también nosotros podamos ayudar, por medio de la consolación con que hemos sido consolados" *2 Cor 1:4*

PRINCIPIO FÉNIX PARA EL ÉXITO #7
Reconócete merecedor de una nueva oportunidad para ser feliz, para triunfar, para tener una vida con sentido.
¡Cree en ti!

Renace de tus cenizas

Así como el Ave Fénix que renace de sus cenizas, mi amado conquistador de sueños, es tiempo de renacer, de levantar tus alas de fuego e iluminar la oscuridad.

¿Sabes? Algo que ha cambiado mi vida es entender y creer que Dios está a mi favor, no es un tema de religión, pero sí de espiritualidad. Él cree en ti y yo creo en ti, porque eres su creación. Cuando tú alcances a ver la grandeza que Dios depositó dentro de ti, tu vida cambiará de tal manera que jamás volverá ser igual.

Amada Ave Fénix: es tiempo de renacer de tus cenizas, es tiempo de que avives la llama que habita en tu corazón, que te grita una y otra vez. Es tiempo de volar en las alturas, es tiempo de conquistar tus sueños, es tiempo de triunfar. Por lo tanto, vuela en las alturas amada ave fénix, ilumina el firmamento y cumple con tu misión de inspirar a miles de personas. ¡Vuela, vuela y conquista las alturas!

Capítulo 2
La Montaña

> **"Dios depositó en ti el poder para crear y manifestar una vida extraordinaria ¡créelo!"**

E l joven avanzaba lentamente, se sentía cansado, su cuerpo empezaba a reclamarle por el esfuerzo, la cumbre de la montaña todavía se veía lejana. El viento soplaba tenuemente acariciando su cabellera, alentándolo a continuar, pues a pesar del tremendo frío, el cansancio producido por el ascenso, hacía que grandes gotas de sudor corrieran desde su frente hasta sus mejillas.

Se decía que, cerca de la cumbre, habitaba un anciano, conocedor de las respuestas a los enigmas más profundos del universo, poseedor de la sabiduría milenaria. Entre los pobladores corría el rumor de que se trataba de un viejo brujo con poderes mágicos. Pocos se atrevían a subir la montaña con el pretexto de que el viejo era peligroso, cuando en realidad en todos existía la curiosidad de conocerlo.

El terreno se tornaba accidentado y vertical. Continuar era mucho más difícil conforme avanzaba. Escuchaba voces en su mente que le gritaban que regresara, que no había necesidad alguna de estar ahí, que estaría más cómodo con su familia. Empezaba a dudar en seguir, ¿qué tal si era verdad todo lo que le habían dicho sobre el loco anciano? Miraba hacia atrás y se daba cuenta de lo que había avanzado, así que ignoró las voces internas que le gritaban que regresara; por lo tanto, continuó ascendiendo con determinación, pues necesitaba encontrar las respuestas a las dudas que llevaban tanto tiempo atormentándolo, sin dejarlo siquiera dormir.

Se trataba de un intrépido e inquieto muchacho -para algunos un loco-. Hijo de unos pobres campesinos, de numerosa descendencia. El joven se distinguía de todos sus hermanos por ser aguerrido, determinado y un inconforme con las normas preestablecidas. Era un soñador desde pequeño. Todos podían observar en él un brillo especial en sus ojos, además de que siempre era compasivo y de gran corazón. Sin embargo, en el pueblo, todos se burlaban de él, incluso su familia, que continuamente lo desalentaba; pero el persistía en su visión, de lograr enormes cosas, que ninguno de sus hermanos se atrevía siquiera a desear.

A menudo discutía con su padre cuando éste le decía cosas como: "Agradece a Dios por lo que tenemos y confórmate", "estás loco, somos campesinos y ése es nuestro destino". A pesar del bombardeo de su entorno, no abandonaba la costumbre de sentarse bajo un árbol, para contemplar fijamente la montaña. No podía evitar sentirse atraído por su magnificencia. Una voz audible le susurraba al oído hasta atormentarlo, diciéndole que él tenía la grandeza de la montaña, que él podía lograr una vida mejor.

Cada paso que daba se veía más cercana la cumbre. A no más de 100 metros logró divisar una construcción sencilla de madera. El sol estaba a punto de desaparecer en el horizonte regalándole los últimos rayos de luz, como si se despidiera del valiente joven animándolo a continuar su travesía. Mientras caminaba inmerso en sus pensamientos, una puerta se abrió con fuerza y de ella salió a su encuentro un anciano, como si lo estuviera esperando. El anciano tenía una barba blanca enorme, como una gran nube y una larga cabellera rizada como espárragos. Portaba una túnica larga y fresca, muy fuera de contexto para el frío que hacía en la montaña.

El joven pegó un brinco al verlo, pues no se había percatado de que ya estaba prácticamente afuera de la cabaña. Sus miradas se cruzaron y el anciano sonrió, sabía que el joven iba en busca de respuestas. Ya había pasado un buen tiempo desde que otro valiente -loco- se había atrevido a ascender en busca del anciano y su sabiduría. Los ojos del joven brillaban intensamente y su corazón latía tan fuerte como si quisiera salírsele del pecho. Dejando a un lado las formalidades, inició la conversación:

-Respetable maestro, sé que eres poseedor de conocimientos milenarios. Tu fama trasciende las fronteras del reino. He venido desde muy lejos para encontrar respuesta a mis preguntas-. El anciano sonrió mientras lo escuchaba y respondió:

-Definitivamente lo que preguntarás tiene que ser muy importante, para atreverte a ascender a la gran montaña. Muy pocos han sido los osados. Dime, ¿cuál es tu pregunta? - atropelladamente el joven lo cuestionó:

-Maestro, desde muy pequeño he tenido la visión de una vida mejor para mí y la gente que me rodea, a pesar de las burlas que ellos me hacen. Inclusive mi padre a quien tanto amo, me dice continuamente que me conforme con lo que Dios nos ha dado, pero la montaña me atrae con su magnificencia y cada vez que la observo, una voz me grita hasta atormentarme: *"La grandeza que Dios depositó en tan enorme cumbre, también está depositada dentro de ti, para crear y manifestar todo lo que anhela tu corazón"*. **¿Cómo puedo saber si son reales mis deseos, cuando todo lo que me rodea me dice lo contrario?** - el anciano lo miró y vio en sus ojos, que su anhelo era genuino, pues los ojos son la ventana a nuestra alma. Con un rostro inexpresivo, le respondió solemnemente: **-La respuesta a tus preguntas las encontrarás en la cima, continúa ascendiendo-.** Sin más se dio la vuelta, sin siquiera invitarlo a entrar en la choza.

El joven quedó perplejo, ya que esperaba algo más del anciano. Dentro de él inició toda una revolución de pensamientos *"Ese anciano es un fraude"*, *"no ha valido la pena tanto esfuerzo"*, *"mis padres tenían razón"*. Así que comenzó a caminar cuesta abajo, molesto consigo mismo. Se sentía decepcionado, pero *"La voz"* le empezó a susurrar: *"Ve a la cima, ahí es donde encontrarás las respuestas"* ... *"Ve a la cima..."*

> **"La grandeza que Dios depositó en tan enorme cumbre, también está depositada dentro de ti, para crear y manifestar todo lo que anhela tu corazón"**

Empezó a dudar de su cordura, su corazón se unió a la voz -ya que Él tiene su muy particular manera de comunicarse: con corazonadas e intuiciones-, volteó a ver la cima y se dijo a sí mismo *"¿Qué tal y si sí?*, no tengo ya nada que perder. He venido hasta aquí con mucho esfuerzo, será mejor continuar que regresar con mi familia y que todos terminen diciéndome que me lo advirtieron, creyendo que tienen razón. En el fondo sé que no estoy equivocado, **Dios no habría sembrado en mí la capacidad y la fuerza para hacer este ascenso, si no fuera posible responder también mis dudas"**.

Retomó el rumbo y continuó ascendiendo hacia la cumbre, pensando cosas como que *"en la cima podría haber* algo milagroso", "qué tal que allá arriba me encuentro con un ser mágico que cumpla con todos mis deseos".

Ya era de madrugada, pero continuó el ascenso. No le faltaba tanto para llegar, la cabaña del anciano no estaba muy lejos de la cima. *"La voz"* empezó a susurrarle una y otra vez dulcemente: -*Cree en ti, cree en ti*-. El valiente joven se encontraba perturbado, pero notaba cómo dentro él, un fuego abrazador se encendía, brindándole valor y seguridad. *"La voz"* comenzó a acentuarse diciéndole: *"esta montaña fue creada por el gran maestro del universo, Él también te creó a ti, tú eres parte de la montaña y ella de ti"*.

A pesar de que la noche azul marino era tremendamente oscura y tenebrosa, la luna llena redonda y las estrellas blancas alumbraban con fuerza su camino, de forma que podía mirar donde colocaba cada uno de sus pasos. Milagrosamente el cansancio y el frío desaparecieron: el fuego que se había encendido en su ser, le ayudaba a no sentir las inclemencias del clima. Divisó frente a él la punta de la cima y su corazón palpitó con más fuerza que nunca. Posó ambos pies sobre la grandeza de la montaña y pudo sentir cómo ella y él, se conectaban.

Dirigió su mirada al horizonte y a lo lejos vio el poblado donde vivía, unido a otros poblados cercanos. Observó lo pequeño que parecía el mundo desde ahí arriba, con sus luces encendidas, asemejándose a una constelación. Empezó a entender que el poder creador habitaba dentro de él, escuchó cómo *"La voz"* le indicaba: -Esto es solo una pequeña porción del Universo. ¡Mira hacia las alturas! -. Alzó la mirada: Miles de estrellas iluminaban la noche, era un gran espectáculo. La voz añadió: -Eres polvo de las estrellas. Estás hecho de lo mismo que esta montaña, *eres parte de un todo*. **Tu destino es brillar, mientras que iluminas en la oscuridad, el camino de las personas-.**

Su cuerpo se estremeció, porque finalmente tuvo la respuesta a las preguntas que tanto lo habían atormentado. Siempre habían estado ahí, en su interior, su corazón una y otra vez le había indicado el camino, pero tenía que haber emprendido esta proeza para lograr entenderlo, ya que, *allá abajo, las voces de los demás eran tan fuertes, que no le permitían escucharse a sí mismo.* El joven sonrió, miró una vez más las estrellas y agradeció al maestro creador por todos sus regalos, ya que desde ahí arriba, podía notar que eran mucho más grandes de lo que su padre le había dicho.

"Tu destino es brillar, mientras que iluminas en la oscuridad, el camino de las personas"

Empezó entonces a descender, con paso firme y seguro de sí mismo, sabía lo que tenía que hacer: "¡Soñar, soñar en grande!", ahora conocedor, de que dentro de su ser está depositada la grandeza de la montaña, porque la montaña y él, son uno mismo. **Debía escucharse más a menudo, dejar de escuchar las voces del mundo que iban en contra de sí mismo y seguir los consejos de los sabios.**

"Confía en tu intuición, ya que dentro de tu ser existen todas las respuestas a las preguntas de tu corazón"

El ser humano tiene la capacidad inherente para soñar y materializar sus sueños ¡Es tiempo de reactivar ese poder! Es tiempo de disfrutar todo lo que deseas. Dentro de ti hay un poderoso programa que ha sido instalado por nuestro amoroso padre celestial, en tu ADN. Este programa te hace co-creador, para materializar todo lo que te hace vibrar, lo que te emociona y te hace feliz. Recuerda siempre:

"Tú tienes la capacidad de atraer prosperidad, riqueza, amor, momentos mágicos, aventura, salud, tener una vida con sentido y digna de ser vivida"

En este capítulo vamos a trabajar para encender el fuego manifestador en tu corazón.

PRINCIPIO FÉNIX PARA EL ÉXITO #8
¡Atrévete a soñar en grande!
Si tienes la capacidad de soñar, es porque también tienes la capacidad de manifestar tus sueños

El cementerio de sueños

Desafortunadamente, a pesar del potencial y la capacidad que el ser humano tiene para crear una vida extraordinaria, la mayoría de las personas no están viviendo la vida que deberían vivir. Te entiendo si estás pasando por una mala racha, ya que yo las he pasado; entiendo que puedes sentirte frustrado, porque no estás viviendo en plenitud y prosperidad ¡te entiendo perfectamente!, porque lo he vivido. Entiendo también que puedes desear una vida mejor, pero no encuentras la manera de generar un cambio positivo. También he estado extraviado en el camino al éxito y la plenitud. Pero ya no estás solo, porque si me lo permites, te voy a acompañar en el camino al éxito y la auto realización.

Existe un gran cementerio, donde yacen inertes millones de anhelos, sueños y buenas intenciones, que no lograron ver la luz, porque su creador no tuvo el valor de hacerlos realidad, de alimentarlos el tiempo suficiente para fortalecerlos y materializarlos.

Despierta tu potencial creador

Más de una vez me he preguntado "¿Por qué a pesar del gran potencial que tiene el ser humano para tener una vida maravillosa, no la tiene?", *el primer paso* para lograr tener lo que tanto deseamos es *"Despertar y activar nuestra capacidad de soñar"*. Todo lo creado y manifestado, lo que disfrutamos y tenemos en el momento presente, inició como un sencillo anhelo, que fue alimentado, desde ser un **sueño,** hasta convertirse en un **objetivo** y posteriormente en una **realidad.**

Este potencial, al igual que un músculo, puede fortalecerse, pero también atrofiarse, conforme lo utilizamos o descuidamos. Si observamos a los niños, podemos ver que son unos grandes soñadores. Cualquier lata se convierte en una nave espacial y una caja, una estación de lanzamiento de cohetes espaciales. Pero también tienen otro gran atributo: el de pedir sin desfallecer, ¡vaya que si saben pedir!, así como insistir para que papá o mamá cumplan sus deseos. Pero conforme vamos creciendo y a causa del entorno, vamos bajando las expectativas de nuestros sueños y anhelos.

Muchos, literalmente, ni si quiera se atreven a soñar; esto se debe a que, al no lograr algo que deseamos, se produce una gran frustración. La sensación que recorre nuestro cuerpo a causa de no estar logrando nuestros objetivos, es incómoda, nos paraliza y crea un dolor que va directamente a nuestra alma. Al no saber gestionar adecuadamente este sentimiento, muchas personas crean una interrelación mental negativa respecto a soñar, por el dolor emocional que les genera no haber logrado alguno de sus sueños en el pasado y no tener las herramientas para hacerlo en el presente.

La autoimagen es la percepción que el ser humano se forma de sí mismo, a través de las experiencias -positivas o negativas- y opiniones de las personas importantes. Una autoimagen favorable se crea a partir de experiencias de éxito, pues nos faculta para lograr nuevos objetivos. Pero si tenemos una racha de resultados negativos, acompañada de opiniones - y sugerencias que nadie pidió- poco motivadoras de parte de personas importantes para nosotros, nos sentiremos bajoneados y no aptos para lograr lo que deseamos.

PRINCIPIO FÉNIX PARA EL ÉXITO #9
Fortalece tu autoimagen todos los días: Establece pequeños objetivos qué cumplir y cúmplelos. Es la manera más sólida de recuperar tu capacidad de soñar en grande.

Me encontraba en un lugar público, acompañado de mis hijos Max y Pablo. En ese entonces Pablo tenía 4 años. Se acerca una persona vendiendo algo y mi hijo me dice inocentemente -Papá, cómpramelo-. Yo estaba escaso de dinero en ese entonces y tratando de no frustrarlo le dije -

Mañana hijo-. Pablito no me dijo nada, pero en su rostro se dibujó una mueca de frustración. Comprendí en ese momento, que él había conocido la carencia. Esa imagen quedó grabada en mi mente profundamente.

Los padres somos los principales responsables de la programación de nuestros hijos. Desafortunadamente la mayoría, hemos realizado dicha acción ignorando el poder que tenemos en nuestras manos. Frases cargadas de emotividad como: "No lo hagas", "ni lo intentes", "el dinero es sucio, no se da en los árboles y tienes que trabajar duro para obtenerlo", "déjate de fantasías", "bájate de la nube donde estás", "ahorita no hay dinero", "no seas tan ambicioso" ¡Y no terminaríamos! Forjamos en nuestros hijos, un conjunto de programas mentales que les limita a soñar en grande y que posteriormente dirigirán sus vidas en medio de la frustración y el no merecimiento.

Así mismo, nuestros padres y otras personas que eran de autoridad en nuestra infancia, con sus comentarios, implantaron creencias limitantes en nosotros. Ahora, al ser conscientes de que nuestro cerebro es capaz de programarse como una computadora, también podemos reprogramarlo, con creencias más poderosas que nos impulsen a lograr lo que deseamos. Te recuerdo: *"Eres co-creador en conjunto con Dios, para formar un paraíso o un infierno en tu vida"*.

El segundo paso, es **hacerte responsable** y ser consciente de esa capacidad innata que reside dentro de ti. Si bien es cierto, en algunas ocasiones nuestros padres no tuvieron el acierto de insertar los mejores programas, pero desde este momento, eso es historia. Repite conmigo:

"YO SOY tengo el control de mi vida, de mis creencias y emociones. Por lo tanto, elijo conscientemente las creencias que me impulsen a lograr todo lo que deseo"

El tercer paso para activar el poder de soñar, es el de *"Sentirte merecedor de una nueva oportunidad".* Cabe aclarar que sentir es algo virtual (que solamente existe de forma aparente y no es real). Cuando una persona se acerca a mí y me dice: -Joel, *me siento* mal "emocionalmente"- le contesto -Muéstrame dónde está *"lo que sientes"-*. Si el sentir es un producto de tus emociones mal gestionadas (las cuales ordenan a tu cuerpo segregar hormonas que modifican cómo te sientes), lo que debes hacer, es **aprender a gestionar tus emociones.**

A pesar de todos tus aciertos y errores, mereces un nuevo despertar, al igual que el ave fénix y *renacer de tus cenizas.*

Repite conmigo:
"Merezco una nueva oportunidad para tener una vida maravillosa"

El *cuarto paso* es que *"Si vas a soñar ¡que sea en grande!"*, a fin de cuentas, no cuesta nada, más que cerrar los ojos y crear una película mental de ti teniendo una vida extraordinaria, viviendo y disfrutando tus sueños ya hechos realidad. Sé atrevido, sé temerario, aspira a la grandeza en tu vida.

Imagina que eres un niño de cuatro años, sin prejuicios ni limitaciones, para el que todo es posible. No es por nada que el Maestro Jesús decía que *"El reino de Dios es de los niños"* -o de los que tienen alma de niño-; si así fuera, ¿Qué te atreverías a aspirar?, ¿qué sueños tuviste cuando eras niño? Te comparto que yo soñaba con ser presidente de la nación… Imaginaba que me ponían la banda presidencial -bueno, todavía no lo descarto-.

Entiendo por qué has dejado de soñar, ya eres un adulto y -posiblemente- has acumulado dolor emocional (lo sé porque yo lo he experimentado). He tenido momentos tan oscuros que pensé que jamás pasarían... pero si en algo persistí en aquellos tiempos fue en seguir soñando, aunque pareciera una locura y muy lejano de la realidad. Ahora, heme aquí, escribiendo un libro, compartiéndote mis experiencias.

Hagamos un trato: Si te es difícil creer en ti, en que puedes tener una vida mejor, cree en mis palabras. De corazón te digo que te deseo una vida espectacular, pero mejor aún: Creo que la puedes tener. Si hay alguna diferencia entre tú y yo, es que yo he creído antes que tú y he iniciado la travesía anticipadamente. Ahora es tu turno, te recuerdo: No estás solo, te acompañaré en este maravilloso viaje. Repite conmigo:

"A pesar de los aparentes errores que haya cometido en mi vida, tengo la convicción de que Dios siempre me respalda y soy merecedor de un nuevo inicio".

"Merezco una nueva oportunidad para tener una vida en prosperidad y plenitud, una vida con sentido, con la que pueda impactar favorablemente a otras personas. Los errores del pasado han quedado en el olvido. Ahora, en este nuevo amanecer, atraigo a mí personas extraordinarias que enriquecen mi vida, me enseñan y me impulsan. Es designio divino que viva plenamente, por lo que tomaré lo que me corresponde sin titubear. Me atreveré a soñar, soñar en grande, elevando mi estándar lo más alto posible, actuaré a la altura de mis anhelos y sueños. Estoy listo para dar el siguiente paso en mi vida, el paso que me conducirá a un nuevo nivel de plenitud y felicidad ¡Estoy listo!"

Lucha por tus sueños, no permitas que te noqueen

Corría el año de 1990, millones de personas estaban atentos de la pelea de *Mike Tyson* contra *James "Buster" Douglas*, en la ciudad de Tokio, a través de sus televisores. *Tyson* llevaba 37 peleas ganadas y cero derrotas, muchas de ellas las había ganado por *nocaut* en el primer asalto. Su récord era impresionante, no había otro luchador como él en ese momento. Las estadísticas estaban en contra de *Buster*. La mayoría de las personas pensaban que no pasaría del segundo round. Cuando inició la pelea, *Buster* demostró ser un digno contrincante, al resistir los embates del campeón mundial. Para sorpresa de los observadores logró pasar el primer round... el segundo... el tercero... Hasta llegar al octavo round, la mayoría de ellos, arrinconado entre las cuerdas.

Durante el trascurso de la pelea, *Buster* trató de mantenerse alejado de la locomotora imparable de *Tyson,* pero en el round número ocho, faltando 10 segundos antes de terminar, el campeón mundial golpeó fuertemente en la cara a *Buster,* tirándolo al suelo. Parecía que todo había terminado para el contrincante; de todas maneras, ya había durado más de lo pronosticado. El réferi inicia el conteo: uno, dos, tres, cuatro, cinco, seis, siete, ocho... nueve... en ese momento, para sorpresa de todos, el retador se levanta tambaleándose y suena la campana, que literalmente, lo salva. Cada uno de ellos se fue a su esquina. Nadie daba crédito a lo que estaba pasando. *Buster* había sobrevivido al mortal golpe de *Mike Tyson.* Todos decían que cuando iniciara el round número nueve saldría el campeón a destrozarlo. Inicia el round número nueve. *Tyson* golpea una y otra vez a su contrincante, *Buster* solamente resistían cada uno de los golpes, logrando sobrevivir al round número nueve.

En el round número diez, el campeón se notaba ya cansado y en un descuido que él tuvo, *Buster* le acierta un poderoso golpe, derribándolo como si fuera un gran roble que cae después de ser cortado. Todos convulsionan de emoción, ¡nadie había tumbado al campeón nunca antes! El réferi inicia el conteo: uno, dos, tres, cuatro... El campeón trata de reaccionar, pero sus fuerzas se han desvanecido... cinco... busca su protector bucal tratando de colocárselo... seis... los observadores están esperando que el campeón se levante y destruya a *Buster,* siete, ocho, nueve ¡diez! se acaba el conteo y *Tyson* por primera vez perdió, por contundente knockout.

El mundo vitorea a *Buster,* el réferi levanta el brazo en señal de victoria del nuevo e indiscutible campeón mundial de pesos pesados, *James "Buster" Douglas.* Jamás nadie pensó que el campeón sería derrotado y menos por knockout, en el recinto todos celebran.

Rápidamente los reporteros de todas partes del mundo se acercan al nuevo campeón, cuestionándolo sobre ¿cómo él, había logrado ganarle al invicto *Mike Tyson?* Cuando en el round ocho lo había tumbado y casi noqueado, ¿cómo había sobrevivido para ganarle? *Buster,* con lágrimas en los ojos, les dice: -Mi madre... fue por mi madre, ella en su salón de belleza le decía a todo mundo que yo ganaría, todos se reían de ella. Ella murió hace dos semanas y no podía fallarle, no podían morir sus sueños, eso me impulsó a ganar-.

La vida y las personas, muchas veces nos van a golpear, tratando de noquearnos, como Tyson golpeaba una y otra vez a Buster, derribándonos en el round ocho, tratando que desistamos de nuestros sueños, de nuestros anhelos. Si no tienes un poderoso *por qué,* quedarás tendido en la lona, no logrando sobrevivir al conteo del réferi. Por eso es muy importante que tengas *grandes sueños* y una poderosa razón para levantarte todos los días, aun cuando la vida te golpee. **Tienes que encontrar el motivo que te impulse cada mañana a levantarte, a convertir en realidad los más profundos anhelos de tu corazón,** así tengas que enfrentarte a la vida, hasta que le ganes por knockout.

PRINCIPIO FÉNIX PARA EL ÉXITO #10
La vida y las personas, muchas veces nos van a golpear, tratando de noquearnos y que desistamos de nuestros sueños. Encuentra un poderoso por qué y resistirás cualquier adversidad.

Se ha comprobado que tenemos más poder del que utilizamos en el día a día. La mamá de *Buster* se convirtió en un motor para lograr sobrevivir a los embates de *Tyson,* aunque nadie lo hubiera logrado antes. Su *por qué* le permitió concentrar el poder necesario para derribarlo con un poderoso golpe en el round 10 y convertirse en el nuevo campeón mundial. ¿Sabes mi querido amigo, mi querida amiga? Si dentro de tu corazón resuena el anhelo de lograr y realizar *"tal o cual"* cosa, no dudes jamás que Dios depositó el poder dentro de ti para realizarlo. *Párate firmemente en tu grandeza,*

¿Sabes mi querido amigo, mi querida amiga? Si dentro de tu corazón resuena el anhelo de lograr y realizar "tal o cual" cosa, no dudes jamás que Dios depositó el poder dentro de ti para realizarlo.

conéctate al amor, identifica un poderoso POR QUÉ e inicia la travesía para que sea realidad.

El ABC de los sueños

Anota en tu libreta un par de cosas que tienes mucho tiempo deseando, pero por alguna razón, no te has atrevido a emprender. Algo que continuamente está resonando en tu corazón, que tal vez veas muy grande o imposible, un logro que cambiaría tu vida significativamente y que es importante para ti.

Ahora que ya lo tienes identificado, quiero que te hagas una pregunta: ¿qué tal y si sí, por qué no? Cierra tus ojos y repite esa pregunta varias veces, visualizando cómo sería tu vida si te atrevieras a iniciar el camino para convertirlas en realidad, ¿cómo cambiaría tu vida? ¿Quién se beneficiaría? Visualiza tus deseos, como si ya fueran una realidad en tu día a día, emociónate y atrévete a ir por ellos.

Transforma tus anhelos, en metas. Si ahora le pones acciones a lo que escribiste, descubrirás que lograrlo, es más sencillo de lo que siempre has creído. Todo depende de tu constancia, de que conviertas dichas acciones en hábitos. Así, cada día que pase, estarás más cerca de lograrlo. ¡No desistas ni un solo día! La constancia es la madre del éxito.

PRINCIPIO FÉNIX PARA EL ÉXITO #11

Transforma tus anhelos en metas, convierte tus acciones en hábitos y no desistas ni un solo día:
¡La constancia es la madre del éxito!

Según la física cuántica, cada momento se presentan frente de nosotros, un sinnúmero de opciones posibles y cada decisión que tomamos impactará en lo que está por venir; cualquier pequeña variación, puede gestar una realidad totalmente diferente a lo planeado: por un lado, tienes la posibilidad futura de estar disfrutando lo que tanto deseas; pero también existe una posible realidad de que nunca lo lograrás si lo sigues posponiendo.

Todo depende de que te atrevas a soñar y poner manos a la obra para convertir tus sueños en realidad. La parte interesante es que el poder de crear tu futuro está totalmente en tus manos a partir de ahora. **El poder de tomar una firme** *decisión,* **acompañada de acción y refrendarlo día a día hasta que lo estés viviendo, está en ti.**

Imagina que tienes 80 años. Ha pasado el tiempo y estás sentado en una mecedora. Cierra los ojos y visualiza todo lo que has vivido. Tomaste las decisiones encaminadas al cumplimiento de tus sueños. Ha habido retos, pero finalmente, has disfrutado de una existencia extraordinaria: *"Y todo inició con una decisión".* Visualiza cómo ha sido todo. Siempre que has puesto en marcha una decisión, activaste las *leyes universales* y éstas abrieron los caminos con los que lograste tener nuevos efectos y una nueva realidad. **Identifica cada una de esas decisiones, luego abre tus ojos y escríbelas.**

PRINCIPIO FÉNIX PARA EL ÉXITO #12
El poder de crear tu futuro inicia con una decisión.
Toma una decisión hoy, acompañada de acción y
refréndalo a diario, hasta que lo logres.

A lo largo de la historia podemos observar que han sobresalido personas, mujeres y hombres esforzados que, a pesar de su contexto y los retos que encontraron en el camino, supieron salir adelante una y otra vez. Ahora ellos se han convertido en grandes personalidades, que son inspiración para nosotros y las generaciones venideras. Mi querido amigo, mi querida amiga, ése es tu destino, por lo tanto ¡ánimo!, ¡levántate y atrévete a ser un faro que ilumine en la penumbra, el camino de otras personas, porque a eso has sido llamado!

"Esfuérzate y se valiente, porque nuestro amoroso creador, siempre estará contigo, siempre está a tu favor"

Toda vida en plenitud inicia simplemente con atreverte a soñar. **La creación material, es precedida de la creación mental, a través de tus más profundos anhelos.** Muchos grandes maestros nos martillean una y otra vez diciéndonos: "Sueña, cree y crearás, lo que hoy es un suspiro mañana se convertirá en realidad. Por lo tanto, si deseas tener una vida intensa, maravillosa y fuera de serie, tendrás que aprender a soñar y soñar en grande".

"Sueña, cree y crearás, lo que hoy es un suspiro mañana se convertirá en realidad"

Dedica tiempo todos los días para visualizar, con la inocencia de un niño que todo lo desea y todo lo cree posible, sin límites: esa pareja, ese auto, prosperidad y abundancia, ése trabajo, esa empresa, esa familia, ésos viajes y esa vida con sentido. Todo está más cerca de ti, de lo que te imaginas ¡atrévete! Cierra los ojos y visualiza ese mundo que deseas para ti y tus seres queridos. Tengo años haciéndolo y conforme más lo práctico, más activo la tan famosa *"Ley de atracción"* y la pongo en acción. P.D. Por el momento olvida el *cómo* lo lograrás, ahora solo enfócate en *soñar en grande.*

PRINCIPIO FÉNIX PARA EL ÉXITO #13

¡Olvídate del cómo! Mientras permanezcas enfocado en lo que quieres y esto te haga emocionarte, atraerás lo que deseas en el momento preciso.

Tu destino final

No podemos negar que crear cosas nuevas, lograr objetivos y generar nuevas experiencias, da gozo a nuestra alma. Está profundamente grabado en nuestro ser, anhelar y soñar. Por eso hay muchas personas que viven amargadas y frustradas, aparentemente hacen bien al haber dejado algo que está prohíbo en la sociedad actual: soñar. Pero muy profundamente, en cada uno de ellos, su corazón -de vez en cuando- les recuerda que pueden lograr más, lo cual genera en ellos, un remordimiento, pues se han estado negando a su naturaleza. Si hay un gran soñador es nuestro amoroso Padre Celestial ¡vaya que si se atrevió a soñar y convertir en realidad cada uno de sus sueños! Solo mira a tu alrededor: la flora, la fauna y la diversidad de razas… Él está ansioso de ver qué vas a hacer de tu vida, desea que lo impresiones, es su mayor anhelo.

"Activo el poder que hay dentro de mí, para crear una vida extraordinaria.
Tomo acción todos los días, para acercarme al cumplimiento de mis sueños.
Tengo la firme convicción de que Dios me ama, Dios me bendice, Dios me apoya y el viento siempre sopla a mi favor".

Capítulo 3
El Atrapa Sueños

**"Los sueños son como una delicada ave,
que sólo se posará en un lago sereno
y con suficiente alimento para crecer"**

El agua cristalina, se asemejaba a un espejo en el que se reflejaban las nubes y el sol. Alrededor de ese bello lago florecía la flora y la fauna. El clima era cálido y corría un ligero viento del sur, haciendo bailar las flores en una hermosa y rítmica danza, celebrando la vida. Me percaté de que había una multitud de aves multicolores. Entre ellas vi pasar a un hermoso colibrí, que paseaba entre las coloridas flores, orgulloso de su belleza. Sinónimo de prosperidad y libertad, ese maravilloso lugar olía a abundancia.

Vivimos en una época en la cual triunfar es cada vez más sencillo. Considero que estamos en un momento histórico de luz, conocimiento y oportunidades, ya que **los principales elementos para lograr lo que deseamos, están al alcance de cualquier persona, sin importar su origen.** Toda esa información está a solo un clic: artículos científicos, libros, biografías, conocimiento, vídeos de capacitaciones, meditaciones, mentores y todo lo que requerimos para desarrollarnos y alcanzar el tan anhelado éxito. Pero al igual que el lago descrito anteriormente, proactiva y conscientemente, d**ebemos construir el entorno adecuado, para que nuestros sueños permanezcan con nosotros el tiempo que sea necesario** hasta que evolucionen, se consoliden y sean parte de nuestra realidad cotidiana.

PRINCIPIO FÉNIX PARA EL ÉXITO #14
Triunfar es fácil

Mi definición de *éxito* -lo que todos buscamos y anhelamos- es el siguiente: *"Lograr, materializar y disfrutar nuestros más profundos deseos"*. La realidad es que, si estás logrando lo que deseas, eres exitoso; si no, estás en el proceso para lograrlo, siempre y cuando continúes persistiendo.

Una de las principales causas del fracaso -que, por cierto, *fracaso* **es cuando abandonas**-, es el **desenfoque.** Desafortunadamente, en el momento en que una persona pierde el enfoque en lo que desea, su barco se encuentra a la deriva y tarde o temprano encallará en los arrecifes. Mi definición de enfoque es: **"Clarificar lo que deseas y mantenerte atento, expectante a tu objetivo, hasta lograrlo"**. Esto significa que siempre debemos estar alertas, con los ojos bien abiertos y emocionados ante cualquier circunstancia que se pueda aprovechar para lograr lo que deseamos y finalmente, lograrlo.

PRINCIPIO FÉNIX PARA EL ÉXITO #15

Jamás pierdas el enfoque.
Una vez que clarifiques lo que quieres, mantente atento
y expectante a tu objetivo, hasta lograrlo.

Para que algún día tengas lo que anhelas, debes de, sentirlo, vivirlo y disfrutarlo (mentalmente), antes de materializarlo. Este es el gran secreto que llevo practicando desde hace mucho tiempo. Descubrí que **la realización de los sueños pasa por tres filtros: la mente abstracta** (que todo lo cree), **la mente lógica** (nuestra parte analítica) **y el sistema nervioso autónomo** (sistema central).

La mente abstracta, que tiene su propia y muy particular manera de gestionar la realidad, nos permite vislumbrar multitud de opciones, universos paralelos y una grandiosa gama de colores y tonalidades con los cuales podemos pintar nuestra vida. Desafortunadamente la mayoría de las personas pintan su vida con escasos colores y en este punto es donde se determina -o no- una vida maravillosa: una pareja extraordinaria, prosperidad, logros, viajes, contribución y amor. En este filtro debes de atreverte a soñar, soñar en grande y emocionarte, de tal manera que estos anhelos hagan vibrar tu corazón y construyan un nido en él, aunque parezcan locos, ridículos e inalcanzables en ese momento_de tu vida.

La mente lógica es como un gran jurado, en el que, para que te permitan pasar a la siguiente etapa, debes comprobar y demostrar, por qué tú eres digno de recibir eso que tanto deseas. Aquí, con datos, con información sólida, te presentarás ante ellos (metafóricamente), tendrás que prepararte muy bien, porque se trata de presentarte ante quien determina -o no- que continúes. Son muy críticos, ellos no permitirán que divagues y quieras manifestar algo solo por pura emoción.

Para poder superar este reto tendrás que responder sabiamente las siguientes preguntas:

¿Te gusta lo que deseas manifestar?

¿Te conviene?

¿Les conviene a las personas que te rodean?

¿Es sostenible a lo largo del tiempo?

El propósito que tienen estas preguntas es que no te embarques a la ligera, en una aventura que, a lo largo del tiempo, solo se torne como una pérdida de tiempo y recursos. Esto implicará que dediques tiempo para reflexionar, analizando si te conviene o no dedicarle tiempo y energía a aquello que crees querer. Una vez que hayas elegido concienzudamente, es momento de demostrar que vas en serio por tus sueños.

PRINCIPIO FÉNIX PARA EL ÉXITO #16
Dedica tiempo a reflexionar lo que te conviene, antes de dedicar tiempo y energía para crearlo.

Por último, ya soñaste en grande, te diste la oportunidad de aspirar y desear lo que resuena tu corazón, clarificaste lo que deseas y te preparaste ante el gran jurado, para demostrarles que eres digno de lo que anhelas. Ahora, **es tiempo de impregnar tu deseo en tu ser, tan profundamente que tu sistema nervioso te impulse a ir por tus sueños.**

Aquí hay un súper *secreto:* he aprendido que **el éxito es un estilo de vida.** Desafortunadamente el fracaso también lo es, por eso debes de trabajar en internalizar en tu ser lo que tanto deseas, por lo tanto, te conviene rodearte de objetos, personas y actividades que te estimulen y constantemente te estén recordando tus objetivos.

Te recuerdo que lo que deseas debe de ser tan fuerte y tan poderoso, que haga latir tu corazón fuertemente de emoción, solo de pensar en su cumplimiento.

Cuando estas emocionado y en tu ser ya está impregnado lo que tanto deseas, tu cuerpo actúa en automático para impulsarte a lograr lo que tanto deseas.

El Atrapa sueños

La noche se tornaba oscura, el viento, como todas las noches, entraba por la ventana para invitar a danzar al Atrapa sueños, que, en lo que parecía un baile eterno, se movía lenta y elegantemente. Mientras tanto su dueño, viajaba en el universo de todo lo posible, soñando con una vida mejor para él y su amada familia. El Atrapa sueños, atento a los anhelos de su amo, capturaba cada uno de sus deseos, para entregárselos al amanecer, como un regalo envuelto en forma de corazonadas

Para lograr lo que tanto deseamos, nuestros anhelos deben de permanecer el tiempo suficiente con nosotros - para impregnarse en nuestro sistema nervioso, de tal manera que nuestra mente y nuestro cuerpo, accionen en automático, natural, fluida, proactivamente y sin esfuerzo -, por lo cual es fundamental construir un *Atrapa sueños.* Esto consiste en agregar a nuestra vida, un conjunto de elementos, actividades, personas y estrategias, que nos estén impulsando hacia nuestras metas, ya que una de las principales causas del fracaso (abandono), es el desenfoque. Te voy a compartir lo que he hecho yo a lo largo de los años, para construir mi *Atrapa sueños* y convertir mis deseos en realidad.

PRINCIPIO FÉNIX PARA EL ÉXITO#18

Para lograr lo que tanto deseamos, nuestros anhelos deben de permanecer el tiempo suficiente con nosotros: ¡Construye un Atrapa sueños!

El campo de todo lo posible

Mi mentor y amigo *Alex Vega,* muy influyente en mi vida, por sus resultados y su congruencia, me dijo: -Joel, si deseas convertir en realidad tus sueños, plásmalos con imágenes en un tablón de los sueños-. Yo era muy joven y lo interrogué con respecto a qué era ese tablón que tanto mencionaba en sus entrenamientos. - ¿Cuál es su función? - pregunté. Me explicó que **el cerebro graba mejor las cosas con imágenes,** con símbolos, por lo que había que alimentarlo todos los días, como si fuera un bebé recién nacido. Para serte honesto se me hacía una verdadera ridiculez; me imaginaba haciéndolo, poniéndolo en mi closet y a mi pareja burlándose de mí por mis sueños demasiado grandes ¡qué equivocado estaba!

Gracias a que lo respeto mucho, seguí sus instrucciones y realicé mi primer tablón de los sueños. Fue sencillo y poco ambicioso. Recuerdo que puse -entre otras cosas- la imagen de un auto nuevo, un Chevy blanco. Parte de las instrucciones, era que todos los días dedicara algunos minutos para observarlo, cerrar los ojos e imaginar que eso que estaba plasmado, ya eran parte de mi vida y agradecer por ello, aunque todavía no estuvieran materializados.

Algunas veces realicé dicho ritual de mala gana, pero perseveré. No pasó un año para que ese auto que estaba plasmado estuviera en mi cochera. En ese momento empecé a confiar y me dije: "Joel, creo que esto sí funciona". **Año tras año he realizado el ritual de crear un tablón, plasmando lo que deseo que se manifieste en mi vida.** Gracias a eso, actualmente conduzco el auto con el que había soñado toda mi vida; me atreví a plasmarlo en mi tablón de los sueños por primera vez en 2016. Una vez más, compruebo el poder de dicho ritual.

Creando un poderoso tablón de los sueños (Atrapa sueños)

En la actualidad, he aprendido a ser más asertivo y ambicioso al momento de crear un tablón de los sueños y he desarrollado para ti, los siguientes pasos:

1. No juzgar/ridiculizar cualquier impulso o corazonada que tengas. Actualmente he logrado cosas que antes me parecía una verdadera locura; *por lo tanto* **¡Atrévete a soñar!**
2. Utilizo dos cartulinas, las cuales coloco en mi clóset o guardarropa. En la primera cartulina pongo imágenes de todo lo que me conecta: cosas materiales que deseo tener, lo que quiero lograr, viajes, experiencias que me gustaría vivir, etc. Soy muy abundante en ese tablón, no me limito. En la segunda cartulina, elijo 2, 3 o 4 cosas máximo, en las que me voy a enfocar, de forma que pasen de ser sueños, a ser objetivos. **Está bien soñar en grande, pero hay que ponerles orden a los sueños.** Debes elegirlos, pensando que, si los logras, tu vida cambiará de tal manera que jamás volverá a ser igual. Por lo tanto, estudia a conciencia lo que vas a plasmar en el **tablón de los objetivos,** pues es la zona VIP de tus sueños.
3. Normalmente lo hago al inicio del año, pero cualquier momento puede ser propicio para crearlo. A lo largo del año, más de una vez he modificado algunos elementos de mis tablones, **soy flexible.**

4. He desarrollado un ritual alrededor de mis tablones: todas las mañanas y las noches (de hecho, en cada oportunidad que tengo), me paro frente a él y observo las imágenes; posteriormente, cierro los ojos y lo recreo en mi mente. **Visualizo mis anhelos plasmados en el tablón,** como si fuera una película, **me emociono y realmente lo vivo.**
5. Como viajo mucho, siempre hago una copia en miniatura de mi tablón y la pego en mi agenda; esto me permite estar recordando continuamente lo que *SÍ deseo.*
6. Cuando estoy observando las imágenes me digo: "Joel **¿Qué tal y si sí, por qué no?** ¡Vamos a intentarlo!

Preparando el escenario

Dios y el mundo están muy atentos a ti. Están observando qué tan comprometido estás con todo eso que *"según tú"* deseas de corazón. Por tal motivo, **debemos de dar muestras de fe a través de la acción.** La definición de fe es maravillosa, porque habla de que *hay certidumbre en nuestro corazón con respecto a lo que estamos esperado y una convicción plena de que, aunque no lo podamos ver y tocar, estará en nuestra vida pronto.* Debemos actuar como cuando una madre está esperando a su bebe: Preparando su habitación, su cuna y acercando todos los elementos que requiere para el nacimiento de su hijo, esperando pacientemente y con amor ese preciado momento en que tenga a su bebe entre sus brazos.

El contexto en coaching es una de las herramientas más poderosas, para comenzar a materializar nuestros deseos. Se refiere a crear el escenario para tu magistral actuación, aunque todavía no se llegue la hora de la obra. Así, mandarás señales al universo y quienes te rodean, demostrándoles que estás al 100% comprometido con tus sueños.

Noé empezó a construir el arca mucho antes de que lloviera. La pregunta clave para iniciar a crear el contexto sería: **¿Qué sí puedo hacer con lo que tengo?**

Esta pregunta es muy poderosa, porque si dedicas tiempo para reflexionar, te dará todos los elementos necesarios para acercarte cada día más a lo que tanto deseas. Por ejemplo, imagina que quieres comprar una casa, debes hacerte la pregunta clave en base a este objetivo: **¿Qué acciones puedes emprender ya?** y actuar en respuesta a dicha pregunta, será la demostración de que vas en serio por tu sueño. Las acciones a las que conllevará hacerte la pregunta clave, harán que tengas que:

✓ **Definir qué casa es la que deseas comprar (con lujo de detalle).**
✓ **Buscarla, ir a verla y pedir una cotización.**
✓ **Poner una imagen en tu tablón de los sueños.**
✓ **Iniciar un ahorro especial para esa propiedad (aunque sea sólo un dólar).**

Podrás decir -Joel, eso es una burla, una casa vale más que un dólar-. Eso es cierto, pero la realidad es que te faltaría un dólar menos para comprar dicha casa.

Muchas cosas que antes eran un sueño, ahora son una realidad en mi vida y una de las claves, ha sido siempre tomar acción, inmediatamente después de decidir emprender algo. Te recomiendo seas proactivo e inicies con los preparativos para vivir tus sueños. Éstos crearán el contexto adecuado para que, un día muy cercano, eso que deseas sea parte de tu vida.

Cómplices para el éxito

El camino a la realización de tus sueños no debe de ser tortuoso o difícil, al contrario, entre mejor la estés pasando, más rápidamente atraerás lo que deseas. La felicidad y las emociones positivas son catalizadores del éxito y para esto lo mejor que puedes hacer es formar *tu pandilla de amigos,* que se conviertan en tus cómplices para lograr tus objetivos. Este punto consiste en identificar a las personas qué están en la misma sintonía y armonía, con respecto a tus sueños. Cuando tengo un nuevo objetivo, una de las primeras acciones que realizo, es buscar a mis cómplices para el éxito. La particularidad de estas personas tiene que ser, que ellos ya lograron lo que yo deseo. De esta manera, me sirven de inspiración y referencia, respecto a mis objetivos.

PRINCIPIO FÉNIX PARA EL ÉXITO #19

Encuentra tus cómplices para el éxito:
Identifica a las personas en tu misma sintonía.
Aléjate de las quienes no suman a tus sueños
y rodéate de chingones.

Yo practico varios deportes, entre ellos el montañismo. En México, tenemos la fortuna de que existen cumbres de buen nivel: *el Nevado de Toluca, la Malinche, el Iztaccíhuatl* y *el Pico de Orizaba.* Cuando inicié esta actividad deportiva, en mi primer ascenso contraté un guía. Al publicar mi primera expedición en mis redes sociales, personas que me seguían, comentaron que también ellos practicaban montañismo. Uno de ellos fue mi querido amigo *Fernando,* de la ciudad de *Puebla* (que puede pasar por guía suizo). Posteriormente, en una expedición en *la Malinche,* conocimos a un abogado de *Tlaxcala, Carlos,* quien ahora es nuestro amigo. Con el tiempo, se han agregado más montañistas hasta conformar el grupo de *"Los linces de la montaña".* Actualmente tenemos proyectado, ascender a más cimas en Sudamérica y ¿por qué no?, ascender a una cima de 8,000 metros en el Himalaya. Todo esto ha sido gracias a que todos ellos aspiran a lo mismo que yo en esa área de sus vidas. **En el camino al cumplimiento de nuestros objetivos vamos a enfrentarnos a detractores,** muchas veces, personas muy cercanas a nosotros, familiares y amigos, **que por alguna razón se van a oponer a nuestros sueños.** Al rodearte de personas que estén en tu misma sintonía y armonía, se convertirán en un eco a tus anhelos, te apoyarán a mantenerte enfocado, a retarte a ir por más de lo que tu tenías pensado. Forma tu equipo de cómplices para el éxito.

> **"Si en tu entorno nadie apoya o suma a tus sueños, ¡inicia ya, no lo pospongas! En el camino, te encontrarás con personas que vibren en tu misma frecuencia, con los mismos ideales y aspiraciones que tu"**

Decreta, declara y visualiza con emoción

Esta es una de las triadas más poderosas para manifestar y atraer todo lo que deseas. Tengo un buen tiempo practicándolo y te aseguro que muy pronto verás resultados, ya que activas **una de las maquinarias más poderosas del universo:** *la imaginación,* **que es el puente entre lo inmaterial y la realidad.** Por este puente, transita todo lo que deseas y lo que no, dependiendo de qué tan entrenada la tengas y en que estés enfocado. La clave consiste en que, a partir de ahora, de una manera consiente, la utilices a tu favor.

Decretar

La definición de esta palabra es *"decidir u ordenar algo"*. Su significado práctico sería que *se crea una ley, una orden o una sentencia,* de parte de alguien con autoridad o poder. Al convertir un deseo, en un *decreto,* te comprometes a realizarlo *"sí o sí"; p*or ejemplo, la **Ley de Tránsito** dictamina que, en determinados cruces, se debe de realizar un alto total y esta *orden* se debe de cumplir *"sí o sí"*, por lo tanto, si no la obedeces, la autoridad se encargará de hacértela cumplir.

Las características de un buen decreto son: redactarlo en positivo, en primera persona, en tiempo presente y el plus es que se declame entusiasmado. Un ejemplo sería el siguiente:

> ***YO SOY un prolífero autor de libros, audiolibros y diversos materiales de desarrollo personal y emprendimiento. YO SOY muy exitoso en el rubro literario, reconocido y galardonado a nivel internacional, mis obras se venden por millones, escribo de uno a dos libros por año.***

Este decreto tengo tiempo diciéndolo mentalmente y verbalizándolo en voz alta, con entusiasmo. Cuando lo hago siempre, lo digo con mucha emoción, lo vivo.

Declarar

Es una variante muy interesante del decreto, porque consiste en *decir emotivamente* en tu día a día lo que *"ya es"* aunque todavía no exista. Es *"aseverar o exponer algo como si ya fuera parte de tu vida"*, en tus *charlas,* en tus *diálogos internos.* Puede haber gente que se burle o se ría de ti y de hecho es muy buena señal; Don quijote le decía a Sancho

Panza: *"Cuando los perros ladran es señal que estamos avanzando"*.

Por lo tanto, ¡continuemos avanzando! Un ejemplo sería que tú estás viendo tu tablón de los sueños y como sabes siempre está presente *"La vocecita"* que te quiere boicotear o desanimar. Proactivamente, conforme estás viendo cada elemento de tu tablón, puedes decir mentalmente -o mejor aún, verbalizándolo emocionadamente-: *"Este auto ya es una realidad en mi vida"*. Incluso agradeciendo (le da mayor poder): *"Gracias por este auto"*. Otro ejemplo pudiera ser: Si vas en un transporte público, en vez de quejarte de lo lleno que esta el autobús, declaras lo siguiente: *"Gracias porque ya tengo el auto de mis sueños"*.

Recuerdo a un vecino de mi madre, que vivía inicialmente en una pequeña casa, ya que en esa zona las casa no eran de gran tamaño, él, regularmente, le decía a mi madre, -Doña Elsa, te invito a tomar un café a mi *casona*-, expresándose de una manera *grandilocuente* de su casa. Pasa el tiempo, le va muy bien en los negocios y amplía su casa, que, en la actualidad, es una de las más grandes de esa zona. ¡Wow!, ¡el poder de declarar lo que no es, como si ya fuera!

¿Sabes? Al estar haciendo esto, estarás ejercitando la *fe*, pues demostrarás estar convencido de que, aun cuando no lo ves, *"ya es"*.

¡Felicidades, estás a un paso de que se manifiesten tus sueños!

Visualizar con emoción

La cereza del pastel en este conjunto de estrategias para crear tu *Atrapa sueños*, es la visualización creativa. Ésta es una de las herramientas más poderosas para mantenerte enfocado, para energizarte e impregnar directamente en tu sistema nervioso, lo que deseas crear en tu vida.

Es un verdadero portal que te va a transportar al universo de todas las posibilidades, aprovechando la imaginación. Al estudiar a hombres y mujeres muy exitosos, he descubierto que todos ellos utilizan esta herramienta, desarrollando su poder para imaginar y construyendo un gran mundo interior.

La clave es que agregues la visualización creativa a tu día a día. En lo personal, todos los días dedico tiempo para cerrar los ojos e imaginar con la mayor cantidad de detalles lo que deseo vivir y disfrutar, por ejemplo, un viaje a París. Cierro los ojos y activo la imaginación, me veo en una tarde fresca, veo el sol que se va escondiendo en el horizonte, que se despide regalándome su último rayo de luz.

Puedo observar las tonalidades naranja y rosa del atardecer que se plasma en el cielo, que se mezclan como pintura en un enorme lienzo y mientras observo el espectáculo multicolor digno de ser escrito en una historia de amor, majestuosamente se erige la tan afamada torre Eiffel, orgullosa, vanidosa y divertida como toda una dama parisina.

La explanada del Parque Marte se viste de personas de diversas nacionalidades. Volteo a ver la torre y me percato de que las luces se empiezan a encender, asemejándose a un gigante árbol de navidad de 300 metros. Tomo la mano de mi pareja, volteo a ver sus ojos, que denotan la emoción del momento y sin cruzar ninguna palabra, empezamos a caminar alegremente hacia la gran dama de París.

En mis talleres utilizo dinámicas de visualización. Las nombro: *"El anticipo del éxito"*, porque llegan a ser tan vívidas, que las personas realmente las sienten, se emocionan y les inyectan la energía necesaria para ir por lo que tanto desean.

Cada uno de estos elementos van conformando tu *Atrapa sueños*, que ayudará a que tus anhelos permanezcan el tiempo necesario en tu vida, hasta que estén impregnados en tu ser, puedas disfrutarlos y sean una realidad. De esta forma, tarde o temprano -dependiendo de tu fe, entusiasmo y enfoque, eso que tanto deseas, será parte de tu vida.

Empieza a construir tu *Atrapa sueños*, elige los elementos de la mayor calidad y sueña, ¡sueña en grande! Tu *Atrapa sueños* se encargará de activar tu intuición y de hacer vibrar tu corazón, para crear y manifestar, todo lo que tanto anhelas.

PRINCIPIO FÉNIX PARA EL ÉXITO #20
Decreta, declara y visualiza con emoción, todos los días.

DECRETO

Ahora me atrevo a soñar, soñar en grande, porque sé que dentro de mi reside la capacidad para crear una vida extraordinaria.
Yo soy un poderoso imán, que atrae gente, dinero y circunstancias para manifestar cada uno de mis anhelos.
Las personas están a mi favor y me apoyan a alcanzar mis sueños.
Confiado estoy en que pronto, lo que hoy es un sueño, mañana será una maravillosa realidad.
El viento siempre está a mi favor.

Capítulo 4
Todo ha sido perfecto

> "Cada circunstancia de la vida agradable
> o desagradable, ha sido la lección perfecta
> que requerías para ser cada día, una
> mejor versión de mí mismo. Por eso yo he
> aprendido a no resistirme"

No puedo evitar de vez en cuando, conforme voy avanzando en el camino, voltear hacia el pasado con un sentimiento de nostalgia, recordando momentos tristes y felices, situaciones que me hicieron dudar de mi capacidad y otras en las cuales me sentía el rey de la montaña; personas que llegaron a enseñarme de una manera dura, la lección que me correspondía aprender en ese momento, pero otras que con su cariño y amor, me ayudaron a cargar mi maleta de viaje, obsequiándome una sonrisa que restauró mi fe, dándome las fuerzas necesarias para continuar mi camino.

Sin importar lo pasado, ahora, después de haber digerido cada circunstancia, agradezco a Dios por cada reto de mi vida, entendiendo que todo ha sido perfecto, para forjarme, como el fuego templa el acero al convertirlo en una majestuosa espada. **Volvería a vivir cada experiencia de mi vida, ya que cada una de ellas se ha convertido en un peldaño de mi escalera del éxito.** Si hay una constante en la vida, es el cambio. No hay nada que permanezca estático, aunque la mayoría de las personas tengan miedo –incluso terror- a los cambios. **Todo lo que deseas, está más allá de donde habitualmente te mueves.** Todas las personas estamos creciendo y hay dos tipos de expansión en nuestra vida. Una es lenta, muchas veces tortuosa, porque no vemos resultados como quisiéramos y se requiere ser muy paciente; esta, la denomino *evolución*.

Por otro lado, tu vida puede estar moviéndose rápidamente dando saltos cuánticos, creando una verdadera *revolución*, la segunda manera y más efectiva de crecer, pues modifica e impacta notablemente tu vida y la vida de quienes te rodean, como si fueras una súper nova que explotara para pasar de ser una simple estrella, a propiciar la formación de una galaxia. Pero para que puedas dar saltos cuánticos, tendrás que aprovechar –a tu favor- uno de tus recursos más importantes: *tu pasado*. En lugar de lamentarte por tus fracasos, tendrás que utilizarlos y convertirlos en un cañón que te lance hacia las estrellas, para que puedas brillar.

"Él hubiera sí existe, para atormentarte o para catapultarte hacia el éxito; la decisión es tuya"

PRINCIPIO FÉNIX PARA EL ÉXITO #21

Inicia una revolución en tu vida, utilizando como un cañón que te catapulte hacia el éxito, uno de tus recursos más importantes: tu pasado.

El *pasado* es el *tiempo* que ya sucedió, que en una línea cronológica ha quedado atrás. Se trata de una definición práctica, pero ¿será esto cierto?, ¿habrá quedado atrás realmente?, ¿será una línea cronológica de sucesos? La realidad es que, cada vez que recuerdas el pasado (entre más haya marcado tu vida), tu cerebro, que es muy poderoso, a través de tus recuerdos, provocará en ti: impulsos, emociones y acciones fisiológicas para –literalmente- volverlo a vivir.

Obviamente tus recuerdos, tendrán gran influencia en tu día a día -positiva o negativamente-, según sea el significado que les otorgues. Esto me hace reflexionar y preguntarme: El tiempo, ¿realmente será lineal o es una espiral? Una espiral en la cual, según avanzamos nos reencontramos de vez en vez con sucesos del pasado. La pregunta del millón es: *¿qué función tiene reencontrarnos con nuestro pasado?*

Considero que las respuestas podrían ser: "Para cerrar ciclos", "para sanar heridas", "para dar un nuevo y poderoso significado a lo ocurrido" y ya digerido todo esto, en otro nivel de consciencia "utilizarlo como información valiosa para lo porvenir", "generar aprendizajes significativos que nos permitan no cometer los mismos errores en el presente"... Nuestro amoroso Padre Celestial, no pondría en nosotros la capacidad de recordar, solo para atormentarnos con nuestros recuerdos, así que el pasado, nunca se deja atrás, siempre estará ahí, para recordarnos lo fuertes que somos y lo capaces que podemos llegar a ser.

PRINCIPIO FÉNIX PARA EL ÉXITO #22
Resignifica tu pasado: sana tus heridas, cierra ciclos y busca un nuevo nivel de consciencia.

Los errores del pasado

Muchas personas cuando se refieren al pasado, lo hacen desde una perspectiva negativa, conectándose al drama y al victimismo, por todo lo que han sufrido. Esta es una de las principales causas por lo que las personas crecen lenta y dolorosamente, porque se aferran a él como si fuera un salvavidas en medio del mar y esto no les permite avanzar.

PRINCIPIO FÉNIX PARA EL ÉXITO #23
Desconéctate del drama y del victimismo por haber sufrido: haz un listado de los retos más fuertes que ha vivido y escribe a un lado qué aprendiste de cada uno.

Hace una buena cantidad de años, alguien que admiro mucho, me pidió que diera un entrenamiento, en un área en lo que esta persona es una tremenda experta. Yo no dominaba el tema totalmente, se lo comenté, pero de todos modos insistió en que lo impartiera, me dijo -Joel, confío en ti, en tu capacidad -. Entonces accedí. Me preparé lo mejor que pude y lo hice con la mejor actitud. Cuando se llegó el día, con mucho entusiasmo, comencé a impartir el entrenamiento.

En general todo marchaba bien, las personas estaban muy receptivas y yo me sentía muy contento con los resultados, pues todos parecían igual de emocionados que yo con el curso. De repente, de la nada, vi que la persona que me solicitó que impartiera el entrenamiento, venía hacia el estrado enérgicamente y con expresión de enfado. Sin ningún aviso, me interrumpió y mirándome fijamente -como diciéndome en silencio que no era capaz-, me arrebató el micrófono y comenzó a hablar, continuando sin mí, dejándome el mensaje *"implícito"*, de que yo no cubría el estándar requerido para estar al frente.

Recuerdo que yo no supe qué hacer y sentí cómo la sangre se me subía al rostro, mientras me ponía de mil colores. Me bajé del escenario sumamente molesto ya que lo consideré como una gran ofensa pública. Notaba cómo, mi rostro desencajado, expresaba mi sentir. En todo el salón, donde en aquél entonces habría alrededor de un centenar de personas, corrió un silencio incómodo. Tratando de disimular mi irritación, evoqué una sonrisa -que más que una sonrisa era una mueca-, mientras cruzaba frente a todos para salir del salón.

Pasaron varios días y el mal sabor de boca no se me quitaba. Jamás recibí una explicación por lo sucedido -mucho menos una disculpa por su proceder-. Lo pensaba y lo sentía como una gran injusticia. Dentro de mí, había una mezcla de sentimientos encontrados por el acontecimiento, una disputa entre la vergüenza y el coraje. Pero en ese momento de reflexión y catarsis, tomé con determinación, una decisión. Se trataba de una iniciativa que impactaría mi vida de una manera extraordinaria. Me dije: -Joel, te vas a preparar y empoderar, para que algún día, seas un extraordinario conferencista, de tal manera que las personas te pidan que impartas tus charlas y conferencias, ¡wow!, ¡vaya que eso ya pasó!

Cada vez que revivo ese momento y veo lo que está pasando en mi vida al respecto, entiendo lo importante que es poner las cosas en su lugar cuando ocurre algo que provoca en nosotros un mal sabor de boca. Así que, si vamos a regresar al pasado -en especial a esos momentos que fueron duros-, no debemos regresar a revivirlos para auto flagelarnos con los recuerdos con sabor a hiel, sino para darle un nuevo significado, que genere un poderoso impulso a nuestra vida.

PRINCIPIO FÉNIX PARA EL ÉXITO #24
Pon las cosas en su lugar y convierte tus errores en fortalezas: entrénate y capacítate, hasta ser un experto en aquello que deseas.

Creando un nuevo significado

Crear nuevo significado de un suceso, en PNL (Programación Neuro Lingüística) se denomina *re encuadre*, una poderosa herramienta, que permite mirar lo que nos causa dolor, desde una nueva perspectiva positiva y constructiva. **Lo que pasó, ¡ya pasó!, no existe una máquina del tiempo para regresar a cambiarlo. Mirarlo desde la culpa o el victimismo, definitivamente, no te va a ayudar.** Por otro lado, es como si se filtrara el agua en una pared: al principio será irrelevante, pero después, se dañará. Puedes auto engañarte y decir *"no pasa nada"*, pero la realidad es que tarde o temprano será notoria la fuga. Así que, la opción más saludable, es enfrentar el pasado, con valentía, mirándolo frente a frente, sin culpa y sin resentimiento.

La vida está plagada de sucesos incómodos, duros e injustos, pero si somos honestos, estas circunstancias han sido nuestros mejores maestros. Los pasos que yo utilizo para realizar el *"re encuadre"* de alguna circunstancia no deseada, son los siguientes:

1. Después de lo acontecido, lo primero que busco es, recuperar mi *paz interior*, ya que cuando estamos exaltados, podemos cometer grades imprudencias. Esto lo logro, con actividades como leer, hacer ejercicio, meditar, *tener una plática de poder con alguien que admire, que respete y que me ayude a dimensionar lo acontecido.* También evito tomar alguna decisión en ese momento, de la que después me pueda arrepentir.

2. Si es posible, *me doy un espacio* respecto de lo sucedido y continúo con mis actividades cotidianas. Esto me permite alejarme emocionalmente de lo acontecido y restarle fuerza. Recuerda en lo que enfocas tu atención, crece.

3. Cuando me siento más tranquilo, medito sobre lo sucedido y *me hago una serie de preguntas:* ¿Cuál es mi parte responsable de este acontecimiento? Esta pregunta me ayuda a retomar el control del timón y me conecta a mi poder personal. Otra cuestión sería: ¿Qué puedo aprender de todo esto?

4. Por último, elimino, cualquier posible raíz de amargura, agradeciendo a mis maestros de vida, por haberme impartido esta nueva lección, perdonándolos,

bendiciéndolos y agradeciéndoles, ya que cada acontecimiento es perfecto, aunque en el momento no lo entienda.

5. Rebobino el suceso, como si fuera un espectador, lo recorro como una película, pero ahora siendo más objetivo. Si llega alguna idea que me sirva para ser mejor, al terminar, la anoto en mi diario.

6. Transcurrido el tiempo después del suceso, puedo regresar y enfrentarme –si es necesario-con mayor asertividad, o bien, trascenderlo como una lección, sin que me robe energía.

PRINCIPIO FÉNIX PARA EL ÉXITO #25
A partir de ahora, cada vez que ocurra un suceso "desagradable" en tu vida, realiza un re encuadre y pregúntate: ¿Cuál es mi parte responsable?, ¿qué puedo aprender de todo esto?

Reconciliándome con el pasado

Los pasos que te he dejado en este capítulo me permiten regresar al pasado con alegría, porque al practicarlos, los acontecimientos desagradables tienen un poderoso significado, permitiéndome extraer lo mejor de lo sucedido, convirtiéndolo en información y experiencia.

Dedica tiempo a practicarlos, con algún suceso que consideres que en este momento te esté robando la energía. Después, libre de culpas, miedos, frustración e irritabilidad, podrás tomar -con libertad-, cada una de las maravillosas lecciones que la vida te ha otorgado, para crecer y lograr tus objetivos.

PRINCIPIO FÉNIX PARA EL ÉXITO #26
Libérate de culpas, miedos, frustración e irritabilidad.
Toma cada una de las maravillosas lecciones que la vida te
ha otorgado para crecer y lograr tus objetivos.

Hace un tiempo tuve la oportunidad de conocer al escritor *Chuy Trujillo,* el sapo soñador. De joven fue ayudante de albañil y realizó mil oficios para salir adelante. Su mundo era muy pequeño, sin grandes aspiraciones y sueños (como él mismo refiere), conformándose con vivir al día. A sus escasos 19 años, sufrió una aparente tragedia, que modificó su vida totalmente, a niveles inimaginables. Empezó a manifestar en su cuerpo, un padecimiento denominado *"polimiositis",* muy poco común y sumamente agresivo. Se trata de una enfermedad viral que, al entrar al sistema nervioso, destruye las neuronas motoras, lo que causa debilidad muscular y parálisis aguda flácida.

Su diagnóstico fue grave, ya que fue perdiendo muy rápidamente sus movimientos, hasta quedar paralizado desde los pies hasta el cuello. Los médicos dieron un diagnóstico mortal, al referir que poco a poco acabaría con su organismo y en un lapso no mayor a cinco años, perdería la vida. Todo indicaba que así sería, ya que en el cuarto año de su incapacidad empezó a tener graves problemas respiratorios.

Pero de pronto, algo maravilloso sucedió: Chuy empezó a tener una reconciliación con Dios y con la vida. Toda esa catarsis que se generó en el momento más difícil de su enfermedad, le dio el poder y la paz para salir adelante. Su salud mejoró milagrosamente, no volviendo a tener problemas respiratorios. Inició un proceso de crecimiento espiritual e intelectual. Se convirtió en un devorador de libros y decidió terminar la secundaria. Luego estudió la preparatoria, la carrera de psicología y posgrados. Su vida se ha convertido en una magnífica hazaña. A pesar de sus circunstancias y no siendo suficiente todos sus estudios, decidió ponerse a escribir y hasta el momento, ha escrito más de 300 cuentos cortos, ya publicados; también es

"La vida es un sueño que tú puedes controlar y dirigir, tú decides entre una hermosa fantasía o una gris pesadilla"

Jesús Trujillo "El sapo soñador"

autor de dos libros, *"El sapo soñador"* y *"El soldadito valiente"*. Además, se convirtió en conferencista y se presenta en diversos lugares. Parte de su impulso, ha sido el deseo de apoyar a su familia económicamente y a pesar de su discapacidad ha logrado contribuir en la economía de su familia. Chuy, es un ejemplo de vida, de esfuerzo y pasión, demostrando que, reconciliándote con tu pasado, puedes extraer lo mejor de ti, sin importar las circunstancias.

Todos creemos que tenemos los mayores retos en la vida. Si observas atentamente y dejas de lamentarte, descubrirás que estamos rodeados de verdaderos héroes como *Jesús Trujillo,* que nos motivan e impulsan con su ejemplo de vida a movernos de la zona de queja/victimismo y ponernos en acción. *Gracias amados maestros por su entrega.*

Cada vez que veo un ejemplo de vida, como el antes mencionado, no me queda la menor duda de que nuestro amoroso Padre Celestial, insertó en nuestro ADN, un chip que contiene un programa para que podamos solucionar cualquier reto que se nos ponga enfrente.

Escalones para el éxito

Ahora, con un nuevo nivel de conciencia, entiendo que cada circunstancia, cada acontecimiento, cada persona que ha pasado por mi vida, tiene una razón de ser: entregarme una lección para lo que está por venir, *para poder crear un nuevo y maravilloso presente.*

Ahora con alegría en mi corazón, recibo las lecciones venideras y si regreso a mi pasado, es solo para perdonar, agradecer, extraer la información y experiencias que requiero, para construir una mejor versión de mí.

DECRETO

Con amor y paz, me reconcilio con mi pasado,
aceptándolo como un maestro.
Ahora entiendo que todo ha sido perfecto para
forjarme y prepararme para ser
la mejor versión de mí mismo.
Abro mis brazos a la vida y sus lecciones,
las recibo con amor.

Capítulo 5
El Oráculo

"Dios depositó en tu ser el poder para crear y experimentar una vida maravillosa. Atrévete a emprender lo que resuena en tu corazón, porque Dios te apoya y el viento está a tu favor ¡jamás lo dudes!"

En la antigua Grecia, existía un lugar sagrado en donde nobles y plebeyos, acudían a consultar su destino dictado por los dioses: el Oráculo de Delfos.

El rey Creso de Lidia, ascendía las escalinatas del templo de Apolo en Delfos, para consultar al oráculo, deseando saber qué resultado tendría si emprendiera una guerra contra los persas. Su travesía para llegar al oráculo había sido larga y accidentada. Como todo gran monarca viajaba acompañado de un gran séquito de siervos, soldados y generales. Su presencia era notoria. Las estatuas que adornaban el camino, saludaban en su paso al gran rey, dándole la bienvenida. Era el día séptimo del mes, día en que se consultaba al oráculo.

El rey, sabiendo la importancia de esa guerra, decidió indagar el designio de los dioses, así que, caminando en el atrio del templo de Apolo, se percató de una inscripción tallada en mármol. La leyó en voz alta - *"Conócete a ti mismo"*-. Sin darle gran importancia, continuó su camino, con paso firme y postura gallarda. Sus generales se quedaron atrás, para que el monarca consultara en privado al oráculo. Minutos después, regresó el gran rey con una sonrisa, pues, había escuchado la voz de los dioses: *"Un gran reino caerá"*, lo cual interpretó como la caída de los persas, sus enemigos. Tiempo después su reino fue diezmado en una brutal guerra.

Miles de personas transitaron por *el pronaos* del templo de Apolo, dios de la sabiduría en Grecia, donde estaba tallado el aforismo ***"Conócete a ti mismo"***, atribuido a Heráclito. Pocas personas se percataron de la profundidad de este mensaje y fueron engañados al no entender que *el verdadero oráculo yacía en lo más hondo de cada uno de ellos*. Buscaban la respuesta a sus incógnitas, afuera, pudiendo encontrarlas en sí mismos, si hubieran dedicado tiempo para reflexionar y conocerse.

Escuché que cuando un japonés compra un aparato electrónico, lo primero que hace es extraer el manual del equipo y estudiarlo para dominar sus funciones. En cambio, la mayoría de los latinos, ante el mismo suceso rompemos emocionadamente la caja, haciendo a un lado el manual. Sacamos el equipo, lo conectamos y comenzamos a presionar todos los botones, tratando de adivinar las funciones del aparato. El patrón conductual para tener una vida en plenitud es similar al de comprar y aprender a utilizar un nuevo aparato electrónico. **Será fundamental para tener una vida en plenitud que dediquemos tiempo para conocernos, en las diferentes áreas de nuestro ser: física, emocional y espiritual.**

PRINCIPIO FÉNIX PARA EL ÉXITO#28
La respuesta a tus incógnitas reside dentro de ti:
¡Deja de buscar afuera!
Dedica tiempo para reflexionar y conocerte.

Una de las mayores proezas que cada uno de nosotros puede tener en la vida, es la de conocerse a sí mismo en todos los aspectos, lo que te facultará para tener una vida exitosa, en plenitud y aprovechar mejor tus pasiones, tus fortalezas, tus áreas de oportunidad, buscando lo que te emociona, sabiendo lo que te deprime y lo que te aburre, de tal manera que puedas, a partir de un profundo conocimiento de ti mismo, anticiparte y actuar proactivamente. Por lo tanto, te recomiendo que dediques tiempo para saber por qué actúas como actúas y descubrir tus motivaciones internas.

Escucho voces ¡me he vuelto loco!

Todas las mañanas, en el instante que me levanto, está ahí. No me queda claro todavía, de dónde procede. Algunas veces tiene un tono amable, me motiva, me inspira y es mi fan número uno. Otras es una verdadera calamidad: amargada, negativa, pesimista, mi principal detractora, que se ha levantado con el solo objetivo de fastidiarme la existencia; inclusive aún dormido me susurra al oído. ¡Creo que me he vuelto loco! Es mi fiel acompañante, a cada lugar que voy. Ha estado presente en cada momento de mi existencia. Cierro los ojos para meditar algunos minutos y ahí está con sus trivialidades, recordándome los pendientes: - ¿Ya pagaste la luz? -, -Hoy es día de ir al cine-, -No mandaste el email-, - ¿Qué ropa te quieres poner mañana? - y muchas más... ¡Yo sólo deseo estar en paz! ¡¿Te puedes callar, por favor?!

Para serte honesto, después de todo, no la considero tan mala. Muchas veces, cuando estoy dormitando o corriendo (me encanta salir a correr), en momentos de paz, en esos tiempos que son muy míos, me ha compartido ideas muy brillantes para mis negocios o me ha dado consejos muy importantes para mi vida personal. Inclusive muchos fragmentos de este libro fueron escritos (por así decirlo) por ella, susurrándome al oído o armando debates en mi mente, en sus momentos de sabiduría. Así que, pensándolo bien, no es tan detestable como compañera, inclusive me agrada.

Esa fiel acompañante de la que te hablo es: *mi voz interior.* Esa vocecita imparable, ese diálogo eterno que tenemos dentro de nosotros -que muchas veces no nos deja dormir y otras nos impulsa a realizar todo lo que deseamos-. Por lo tanto, es inevitable no darle su espacio a este tema. En algunos de mis talleres, hablo de esto y hago la siguiente pregunta: - *¿Quién escucha esa voz?* -. Casi todos se sinceran, levantando la mano y en son de broma les digo que pensé que yo era el único loco del salón. Todos ríen a carcajadas.

Pero, ¿qué es esa voz interna?, es un mecanismo que está activo todo el día, por lo tanto, es importante que, en ese proceso de autoconocimiento, entendamos cómo funciona. Algunos la llaman *"conciencia",* aunque también podríamos decir que son *nuestros pensamientos.* Según expertos, tenemos más de 60,000 pensamientos al día, en su mayoría, repetitivos y negativos. Otros aseveran que son diálogos mentales, procedentes de *emociones o sentimientos*, lo cual es un tema complejo de explicar. En lo que sí coincido, es en que, *al ser un mecanismo interno que está activo todo el tiempo, debemos entrenarlo,* ya que podemos convertirla en una inagotable fuente de sabiduría, pero también puede ser un verdadero dolor de cabeza si no la educamos. Nos conviene aprender a gestionarla adecuadamente, para que funcione a nuestro favor, y que funcione en pro de lo que deseamos en la vida, es un arte. Por eso, te voy a compartir algunas herramientas que he practicado.

PRINCIPIO FÉNIX PARA EL ÉXITO #29
Dedica tiempo a entender cómo funciona "tu voz interior", entrénala y se convertirá en una fuente de sabiduría.

Reconocerla
Cuando la voz no está entrenada, parece un niño de 4 años ansioso, que quiere una paleta. Te habla, te jala la ropa y hace un berrinche para que le prestes atención, si te empeñas en no escucharlo. Solo cesará hasta que cumpla su cometido, por lo que, ignorarla no servirá de nada.

Escucharla
Aprender a escucharla es el primer paso para poder aprovechar este gran recurso. Desafortunadamente, la mayoría de las personas estamos tan ocupadas, distraídas o inmersas en un sinfín de actividades, que hemos perdido la habilidad de escuchar a los demás y a nosotros mismos. Debemos de ejercitar nuestra escucha, poniendo atención a los mensajes que nos proporciona y aprendiendo a interpretarlos.

La realidad es que, aun cuando tiende al drama, es de gran ayuda dedicarle tiempo. ¿Quién no ha estado cerrando la puerta del auto o de la casa y la escuchas gritar "¡la llave!", a veces tarde, porque ya cerraste la puerta. Luego la vuelves a escuchar con tono de esposa enojada recriminándote, "te lo dije". Así como no te conviene tener a tu pareja disgustada, tampoco te conviene una voz interior molesta. Te conviene planificar espacios para dialogar con ella –en ambos ejemplos-.

Dialogar con ella

Cuando está muy insistente, es importante que te des un espacio de reflexión y no solo te dediques a escucharla. Tienes que hacerle preguntas como: ¿De qué me quieres prevenir?, ¿qué idea tienes?, ¿qué mensaje quieres darme?, etc. Considero que hay información muy importante para nosotros, de parte de nuestra voz interior. Si somos honestos, la mayoría de las veces en que algo no ha funcionado en nuestra vida, antes de emprender, la vocecita nos dijo, "ese no es el camino".

Nutrirla

Para que un bebé crezca fuerte y sano, debe alimentarse bien –con los mejores nutrientes- y para que sea educado, se le tiene que enseñar modales. De la misma forma lo tenemos que hacer con nuestra voz interior. Ésta, se alimenta de los sentidos: de lo que ves, de lo que sientes, hueles y escuchas, de la influencia de las personas que te rodeas. Basado en que tan bien la eduques, serán los consejos y mensajes que te proporcione. Dedicar tiempo para escuchar, dialogar y alimentar a tu voz interior, la convertirá en parte de tu banda de cómplices para tu éxito –y no hacerlo, la unirá al grupo de tus detractores-.

-Joel, todo eso suena bien, pero la vocecita siempre me dice bobadas-, me comenta un amigo, cuando charlábamos sobre el tema, a lo que yo le respondí, - ¿Cómo no te va a decir bobadas si alimentas tu mente con pura basura? -. Si deseas que tu voz te de mensajes positivos y edificantes, tendrás que alimentarla como a un bebé recién nacido: solo con nutrientes de la mejor calidad, siendo cuidadoso con las cosas que puedan dañarlo; de otra manera, será imposible que crezca fuerte y sano.

PRINCIPIO FÉNIX PARA EL ÉXITO #30
Alimenta tu mente sólo con información de la mejor calidad, lo bueno, positivo y enriquecedor.

Hay que comprender que nuestra voz interior, utiliza los archivos de información que están en nuestra mente. Si solo ves noticias de crímenes, narcotráfico, violencia o contenido basura en la televisión y redes sociales, cuando te preguntes: ¿Qué puedo hacer para ganar más dinero? Tu voz automáticamente contestara - ¡Robemos un banco! -, porque es la única información con la que cuenta para ayudarte a crear soluciones. **Tu voz es como un consejero que está a tu disposición 24 horas al día, 7 días de la semana, los 365 días al año, así que ¡edúcala para que te de buenos consejos!**

Imagen de campeón

De repente lo empujo violentamente, me voltea a ver con creciente irritación. No fui consciente de lo que había hecho. Los compañeros del salón al percatarse del acontecimiento empiezan a gritar en coro - ¡Pelea, pelea, pelea! -. Yo quedé paralizado y mi rostro estaba más pálido que el de un fantasma. ¡Acababa de empujar a niño más temido de la escuela, el que se encargaba de hacernos ver nuestra suerte en el salón! De repente entra la maestra y todos rápidamente nos sentamos, la campana me había salvado, pero no por mucho tiempo. Carlos (el niño bravucón), voltea a verme, con la mano empuñada, indicándome que mi final estaba cerca.

Estuve muy nervioso y callado durante toda la clase, en mi espalda sentía su mirada como puñaladas, hechas con un cuchillo como el que usaba Rambo en sus heroicas películas ¡Cómo hubiera deseado que él fuera mi amigo y viniera a salvarme!

Pero en la vida siempre llega ese momento donde te tienes que enfrentar con tus más grandes temores. La campana sonó y todos los niños salieron corriendo. Carlos, en cambio, salió lentamente, volteando a verme. Desde adentro escuché ese coro infernal, su melodía taladraba mis oídos "pelea, pelea, pelea". Salí y uno de ellos me tomó del brazo y me escoltó (llevó a la fuerza) a un jardincito cercano a la escuela. Se hace un círculo de muchachos, que incitados por la curiosidad se habían reunido ahí. De la nada, llegan un par de amigos de Carlos, mayores que todos nosotros, muy altos, ¡muy pero muy altos!, que venían a apoyarlo.

Sentí que mi final se acercaba, jamás me había peleado con nadie, siempre fui de esos niños que se aplicaban a estudiar, tímido y reservado. Ahora no solo era Carlos, sino también un par de amigos de él, de la pandilla a la que pertenecía, los que se habían unido a la pelea. Por mi mente pasaba una y otra escena del trágico desenlace, donde yo era golpeado por todos ellos. Me imaginaba con el rostro lleno de sangre y desfigurado como el de Rocky en sus películas, después de un combate. Me empujan al centro del círculo, entra Carlos, e inicia la algarabía, como si fuera una pelea de gallos. Nos empezamos a mover en círculo. Por mi mente había uno y mil pensamientos. Escuchaba los gritos de los niños, escuchaba a lo lejos un tambor ¡caray! ¡era mi corazón que latía fuertemente! De repente sin pensarlo y recordando las peleas de mi épico héroe (Rocky, en especial en la primera película), le doy un puñetazo en la cara. Mi contrincante cae desconcertado en el pasto, como si fuera un roble talado, pues no se esperaba ese mortal puñetazo (yo tampoco). Los niños emocionados gritan más fuerte, sin pensarlo me monto en Carlos e inicio un torbellino de golpes en su cuerpo (creo que ver tantas películas de acción sirvió de algo en ese momento). Era una mortal maquina imparable de golpes, mi declarado enemigo no podía responder por la intensidad. Observo que uno de sus amigos de la pandilla se acerca a mí y me toma del brazo. Yo esperaba lo peor, pero solo me jala para separarme de su amigo. Se acerca a él, lo levanta del suelo y se alejan del lugar. ¡No podía concebirlo, había ganado la pelea y por knockout!

Los niños de mi salón celebran mi victoria ante el muchacho más temido de la escuela, mi corazón todavía latía fuertemente, al ritmo de un tambor. Sentía una combinación de emociones. La adrenalina todavía circulaba en mi sangre, al ganar la pelea. Como trofeo había recibido el estandarte y el título del ser *"el más temido de nuestra escuela"*. ¡No lo podía creer! La música de Rocky había sustituido el tambor que sonaba en mi interior. Se escuchaba dentro de mí, al mismo tiempo de las felicitaciones de mis amigos.

¡Wow!, todavía recuerdo esa escena como si hubiera sido ayer, en ese entonces era un niño muy tímido, me refugiaba en los libros, de hecho, era de pocos amigos. Ese suceso me marcó tremendamente, ya que, a partir de ahí, logré tener más confianza; obviamente mis compañeros me empezaron a tratar diferente. Inclusive el niño con el que me pelee se convirtió mi amigo y defensor. Ahora entiendo y confirmo, *cómo la autoimagen se construye con base a nuestras experiencias de éxito o fracaso.* En este caso fue de éxito, modificando a partir de ese momento mi comportamiento, y siendo ahora, más seguro de mí mismo. Por lo tanto, mi querido amigo, mi querida amiga conquistador de sueños, de una manera proactiva, exponte a momentos que te ayuden a mejorar, acrecentar y fortalecer tu autoimagen, tu seguridad en ti mismo(a), atrévete y enfréntate a tus miedos, construye una imagen de campeón imparable.

PRINCIPIO FÉNIX PARA EL ÉXITO #31
Exponte a momentos que te ayuden a mejorar, acrecentar y fortalecer tu autoimagen y tu seguridad.
-¡Atrévete a enfrentar tus miedos y construye una imagen de campeón!

Sé honesto. Cuando te ves en el espejo, ¿qué ves... a un campeón (a), capaz de realizar todo lo que se proponga... o a una persona temerosa, insegura con miedo al futuro? Lo que tu *percibes* en ese espejo es tu **autoimagen,** que básicamente es una percepción mental de ti mismo(a), la opinión que tienes de ti mismo(a). Esta imagen mental, va más allá de tus características físicas o de tus talentos. Está basada en tus experiencias de vida -afortunadas o desafortunadas- y en la opinión o juicios que tienen sobre ti las personas que consideras importantes. Es como una fotografía interna, pintada por las creencias que tienes acerca de ti mismo. Muchas personas tienen una autoimagen distorsionada. Lo podemos observar en individuos que experimentan anorexia, bulimia, vigorexia, depresión –entre otros padecimientos-. Cuando se miran al espejo, sus emociones de baja vibración distorsionan la realidad, pintan de tonalidades grises y oscuras su reflejo, percibiendo solo cosas negativas de ellos, motivándolos a actuar de una manera errática y desafortunada, incitándolos inclusive a dañarse. Este tema es relevante para la plenitud y el éxito. **Deberíamos ser menos rigurosos al juzgarnos y enfocarnos más en nuestros éxitos y fortalezas,** dejando atrás los errores y trabajando en nuestras áreas de oportunidad para nuestro crecimiento diario.

Responde con sinceridad a las siguientes preguntas: [Al responder podrás comprender la importancia del tema, además de realizar una evaluación de tu autoimagen en este momento].

¿Qué es lo pienso de mí mismo?
¿Qué piensa de mí la gente que me rodea?
¿Cómo me conviene verme?
¿A quién me conviene escuchar?
¿En qué fortalezas y talentos me conviene enfocarme?
¿Qué tan sana y positiva es mi autoimagen?
¿Cómo puedo fortalecerla?

De niño fui muy tímido y acomplejado. Me veía al espejo y observaba con detenimiento mis redondos y grandes ojos, disgustándome. Ahora veo que activaba la ley de atracción, generando que los niños de la escuela se burlaran de mí, diciéndome adjetivos como "pescadito", "sapito" y un sinfín de calificativos respecto a mis enormes ojos. Ya de adolescente (todavía temeroso y acomplejado), rompí mi alcancía para comprar un libro, cuyo título me impactó y que devoré rápidamente: *"Como tener una personalidad de un millón de dólares".* Este libro habla del concepto de la autoimagen y desde muy temprana edad, comencé a trabajar en cómo tener, no solamente una autoimagen sana, sino una *imagen de campeón.* El libro me ayudó a fortalecer mi autoestima y elevar la seguridad en mí mismo.

También recuerdo que una muchacha que me gustaba mucho, un día se acercó a mí y me dijo –Joel, me encantan tus ojos-, lo cual modificó la percepción que tenía de mí mismo. Ahora me veo al espejo y digo ¡Wow, qué ojotes tan hermosos! Mi autoimagen es otra totalmente, me considero capaz de realizar todo lo que me propongo ¡y no solo eso!, ¡de apoyar a las personas que deseen tener una vida en plenitud! Si ha habido algo que cambió en mí, fue mi auto imagen.

Esculpiendo a tu David

Imagino a Miguel Ángel, el escultor italiano, seleccionando rigurosamente la pieza perfecta, para su creación futura. De repente, observa a lo lejos un gran pedazo de mármol, de más de 5 metros de altura. Gritando dice a sus ayudantes: - ¡Ésa!, ¡ésa es perfecta!, ¡la quiero en mi estudio! -. Enérgicamente, los ayudantes inician la lenta y difícil tarea de transportar con cuidado la pesada pieza. El maestro es sumamente exigente y desea que llegue ¡Íntegra!

Ya en su estudio, la observa detenidamente, mientras acaricia el frío mármol. Sus ayudantes lo miran de pie, en silencio. Su mirada está perdida. Todos presencian la escena, incrédulos y burlones, no entenderían la conexión entre el maestro y la enorme pieza de mármol. Inicia rápidamente su trabajo, martilleando una y otra vez. En su mente existía la *claridad* del resultado que deseaba obtener, ya había seleccionado a un modelo que representara fidedignamente lo que deseaba crear. El agotamiento parecía ajeno al maestro, ya que se encontraba en el nirvana, extasiado. Incansable, continuaría, hasta terminar su enorme y perfecta obra: *"El David"*.

Trabajar en la autoimagen, es todo un arte. Es como esculpir una estatua, uno de los trabajos más arduos. Esta labor terminará en el momento en que demos el último suspiro. Al igual que el maestro Miguel Ángel, te convendrá buscar modelar a personas que representen la autoimagen que te gustaría tener, que nos sirvan de *guía* en el proceso. *Tony Robbins* en su documental *"No soy tu Gurú"* afirma: - "Yo he creado a este cabrón"- refiriéndose a la persona en quien se ha convertido. Es un trabajo complejo, que *vale la alegría* ya que los frutos que cosecharás serán siempre extraordinarios.

PRINCIPIO FÉNIX PARA EL ÉXITO #32

Busca modelar personas que representen la autoimagen que te gustaría tener, que te sirvan de guía en tu proceso al éxito.

Te recuerdo que la autoimagen se forja a través de las experiencias personales y la opinión de las personas importantes en tu vida. Vamos a implementar una metodología para que esculpas la autoimagen idónea para lograr tus objetivos y tener una vida en plenitud.

Modelaje

Cuando Miguel Ángel decidió hacer la escultura del David, personaje bíblico, lo primero que tuvo que hacer, fue buscar al modelo que lo encarnara, alguien que, según su criterio, cumpliera con los atributos físicos. Una de las herramientas que puedes utilizar para esculpir una autoimagen positiva, es modelar a alguien que ya logró lo que tú quieres lograr. Esto implica, en primer lugar, tener claridad en quién te quieres convertir y, en segundo lugar, estudiar a quién te conviene modelar, alguien que ya logró lo que tu tanto deseas.

Además, puedes elegir más de uno. Solo recuerda tener presente, la importancia del enfoque, no pretendas transformar todas las áreas de tus vidas al mismo tiempo. Por ejemplo, en el aspecto espiritual admiro a *Gandhi,* como conferencista modelo a *Tony Robbins,* en el tema deportivo y de longevidad, a *Silvestre Stallone.*

Tendrás que seleccionar a los personajes que más te inspiran, con base a sus resultados y luego indagar: ¿qué acciones diarias practican para lograr esos resultados?, ¿qué piensan de ellos mismos en el área que manifiestan mayor excelencia? Yo suelo hacer una exhaustiva investigación. Una vez que se tengo capturados los factores clave del éxito de cada uno, es una brújula que me orienta a seguir el camino correcto.

Soy único

Algo que es importante hacer en el proceso de crear una imagen de campeón, es **no compararte con nadie.** Si bien es preciso tener referentes, cada uno de nosotros posee una historia única, que nos hace distintos de todos los demás, con capacidades, habilidades, talentos e historias únicas. Si hay algo que daña nuestra autoimagen son las comparaciones.

PRINCIPIO FÉNIX PARA EL ÉXITO #33

¡No te compares con nadie!, ¡eres único!

Desafortunadamente la mayoría de las personas sufrimos de este mal desde la niñez, cuando hacíamos algo que a criterio de nuestros padres era *"incorrecto"* y solían compararnos con nuestros hermanos o con otras personas. Pero la realidad es que, todos somos diferentes. Un delfín fue creado para nadar en el océano y un águila para volar en lo alto, ninguno es mejor que otro. Cada uno tiene diferentes características.

"Todos somos genios. Pero si juzgas a un pez por su habilidad para trepar árboles, vivirá toda su vida pensando que es un inútil"

Albert Einstein

Desde un mover interno

Es muy importante que consideres que, todo cambio que quieras realizar en tu vida, debe estar sustentado en una motivación interna, una convicción genuina, un verdadero deseo cuyo impulso provenga de dentro de ti. Si deseas hacer algún cambio, motivado por factores externos, este será inestable o temporal, pues lo externo no está en nuestras manos y puede ser fluctuante o desaparecer. Además, darle gusto a los demás suele ser agotador; si quieres cambiar para satisfacer a otros y éstos no reconocen tu esfuerzo, experimentarás una gran frustración y todo tu trabajo puede venirse abajo.

PRINCIPIO FÉNIX PARA EL ÉXITO #34

Encuentra una motivación interna para realizar los cambios necesarios en tu vida y que estos, sean permanentes.

Autoimagen de Acero

Una de las claves para tener una autoimagen positiva y fuerte, es buscar continuamente experiencias de éxito. **Enfócate en tener logros con regularidad, aunque aparentemente sean insignificantes. Recuerda que los grandes triunfos, están conformados por pequeñas acciones diarias.** Cada día que logres realizar una acción encaminada al logro de tus metas. ¡Celébralo!

Por ejemplo, si tienes como objetivo un viaje a Europa y para ello te propones incrementar tus ingresos y comenzar a ahorrar, cada vez que logres un incremento y apartes algo de dinero para el viaje, ¡celébralo! Porque significa que ya estás más cerca de tu objetivo. Si te propones tener el peso ideal o si quieres bajar 20 kg., pregúntate cuál es tu *"por qué"*, cuál es tu motivación para lograrlo y luego comienza por pequeñas acciones diarias. Cada vez que logres evitar la comida chatarra, ¡celébralo!

Es de suma importancia reconocerte y festejar cada éxito, cada triunfo, mirándote al espejo como todo un *espartano* o *súper heroína*, capaz de transformar todo lo que deseas y convertirlo en oro como el rey midas.

Escuchando a las personas correctas

Si uno de los factores que forjan la autoimagen, es la opinión de personas importantes en tu vida, debes de seleccionar qué personas -a partir de ahora- serán las que escucharás. Elige las que tengan la característica de ser positivos, que sean exitosas, que te inspiren y enriquezcan tu vida.

Este será uno de los pasos más importantes, **rodearte de las personas indicadas.** ¡Vaya que su cercanía, sus acertados comentarios y consejos influirían la construcción de una poderosa autoimagen!

Así mismo, aunque se trate de una decisión difícil, **tendrás que sacar de tu vida, a quienes te roban la energía,** a todas esas personas que te hablan desde perspectivas negativas, cada que quieres emprender actividades nuevas o generar cambios positivos en tu vida.

¡Felicidades! Acabas de dar un paso muy importante: iniciar con tu proceso de autodescubrimiento. Si aplicas estas estrategias, dedicando tiempo de reflexión y análisis, estarás un paso adelante para lograr todo lo que deseas.

"Reconócete como un ser valioso, como uno de los diamantes más preciados"

En tu ser hay una bóveda repleta de tesoros, invaluables, maravillosos y fuera de serie, que, si los reconoces usándolos a tu favor, tu vida dará un salto cuántico. Es tiempo de que entres a esa bóveda, para extraer de ella esos tesoros. Lo extraordinario de todo esto, es que es una fuente inagotable, de la que emana lo más valioso que puede haber en este mundo, conocimiento y experiencia. Si aprovechas todo esto, podrás lograr lo que desees. Pero hay un guardián, que no permite que cualquiera pueda tomar esos tesoros: *tu voz interior*. Para que te abra la puerta y puedas acceder a la fuente inagotable del saber, tendrás que dedicar el tiempo necesario para *"conocerte a ti mismo"*:

DECRETO

"YO SOY único, soy invaluable. Ahora reconozco que cada uno de los rasgos de mi personalidad, son perfectos para lograr todo lo que deseo y cumplir mi misión, dedicaré tiempo para pulir las aristas
y de esta manera, fluir suavemente como el viento
y vivir una vida extraordinaria".

Capítulo 6
El Nido del Águila

"Tú puedes ascender a cualquier cima que te propongas, pero en el proceso de la conquista, tu corazón será templado con la adversidad"

Terminamos de atravesar el frondoso bosque, para ascender a la cima del volcán. Ya llevábamos varias horas caminando cuesta arriba. Mis piernas empezaban a revelarse, literalmente gritando: "¡Ya no queremos continuar!". Pero hice oídos sordos a sus reclamos. Realmente no estaba tan bien preparado físicamente como creía. Fernando y Carlos avanzaban más rápido. Por cortesía -o misericordia-, de vez en cuando se detenían para que yo los alcanzara. La mochila de montañismo (que no era muy grande) ya empezaba a sentirse como si cargara piedras. El cielo estaba nublado. Un ligero viento corría, creando una sensación térmica inferior a la que estábamos. El frío calaba a pesar de ir bien abrigado.

Frente a mí, como a 500 metros, observé una gran pendiente, con un terreno mezclado entre rocas de mediano tamaño y arena, donde das dos pasos y te regresas uno. Volteé a ver a Carlos, quien me regresó la mirada con una sonrisa maliciosa. Entonces dijo -Esto se va a poner bueno, ¿continúas o te quedas aquí? -. Soy una persona de retos y obviamente le contesté - ¡Continuamos! -. Esa ladera -casi vertical- era la manera en que la cima de la montaña comenzaba a darnos la bienvenida en la recta final a la cima –de una forma poco hospitalaria-.

Me senté, me quité la mochila de mi espalda para descansar y tomar un poco de agua, me sentía realmente agotado. Observé el paisaje por donde habíamos ascendido, ¡era realmente maravilloso! Toda la falda del volcán estaba rodeada de un frondoso bosque. A lo lejos se observaban algunos poblados. La cima ya estaba muy cerca, pero no podía siquiera divisarla, porque estaba rodeada de nubes que la ocultaban. Había escuchado que muchas veces en la cumbre, bajan las nubes a darle la bienvenida a los montañistas, al recordarlo me llené de una renovada energía. Pensé *"¿Por qué observarlas a lo lejos si las puedo besar?"*

Me levanté, de un salto retomando el camino con nuevos bríos y me dije "Hoy besaré una nube, si la vista desde aquí ha valido el esfuerzo, en la cima el cansancio ni siquiera se sentirá". Así continué, mirando siempre hacia la cumbre.

Siempre que deseamos emprender y lograr lo que nunca hemos logrado, encontraremos retos en el camino. Una y otra vez que me propongo un nuevo *objetivo transformador* han estado ahí, esperándome en el camino, sin importar en qué área de mi vida sea. Tienes que atreverte a salir (o escapar, en algunos casos) de tu **zona de confort** (que de confort no tiene nada, no entiendo quién le puso ese nombre) y al salir de ahí, entrarás a territorio desconocido, demolerás muchos paradigmas personales, inclusive familiares y sociales, ¡Ánimo! ¡Atrévete!

PRINCIPIO FÉNIX PARA EL ÉXITO #35

Siempre que emprendas algo que nunca hayas logrado, habrá retos en el camino. ¡Atrévete a salir de la zona de confort y demoler paradigmas!

El 6 de mayo de 1954, *Roger Gilbert Bannister,* ante más de 3,000 espectadores en la pista de *Iffley Road* en *Oxford,* logró convertirse en el primer hombre en realizar la hazaña atlética, de correr la milla en menos de 4 minutos. Había en aquél entonces un verdadero muro, las personas no creían que se pudiera correr la milla en menos de 4 minutos, inclusive había médicos que consideraban que el hombre no estaba facultado físicamente para realizar tal proeza. Cuando Bannister estuvo en la pista, empezó a correr velozmente, siempre mirando a la meta, con la firme creencia de que podía lograr su propósito. Finalmente, al cruzar la línea de "meta", logró la marca de 3 minutos 59 segundos 4 milésimas.

Las personas en el estadio se encontraban atónitas, ya que se había roto una marca, ¡pero no solo una marca, también un paradigma! El ser humano podía correr una milla en menos de 4 minutos. Curiosamente, 46 días después, su récord fue abatido por otro atleta: el australiano *John Landy,* que corrió la milla en 3 minutos 58 segundos 0 milésimas. *Cuando alguna persona rompe un récord, abre una brecha para los que vienen detrás de él, convirtiéndose en un referente.* Tú estás destinado a romper marcas, paradigmas. Por lo tanto, atrévete, no huyas de tu destino.

De vez en cuando, en cada núcleo familiar, aparece un *divergente,* un revolucionario, una oveja negra, un loco, un inconforme, que tiene una visión diferente del mundo. Su misión es la de cuestionar y si es necesario impulsar un **cambio de paradigma,** rompiendo creencias, no solo a nivel personal, sino también familiar y social, implementando una nueva y mejor realidad, para beneficio de las personas que lo rodean. Estoy seguro de que tú eres uno de ellos. ¡Bienvenido al club!, ¡no estás solo!

Pero es mi deber advertirte de algunos de los principales retos que encontrarás en ese accenso a la cima, retos como: oposición, frustración, no sentirte capaz o **fracaso temporal.** En una batalla, una de las claves es conocer el terreno, al enemigo, al ejército contrario y los obstáculos a los que tendrás que enfrentarte. Estamos a punto de adentrarnos en territorio hostil, nos conviene primero espiarlo, estudiarlo y conocerlo, para finalmente vencerlo. ¡Bienvenido a tu nueva batalla, la cual juntos, ganaremos! ¡Adelante, mi querido conquistador de sueños!

La lucha contra los guardianes de lo establecido

Rumbo al éxito, indudablemente te los encontrarás. Ellos, bien plantados en el camino, con sus armaduras relucientes, un sólido escudo y una intimidadora espada, intentarán detener a cualquier divergente, a todo insolente que esté deseoso de cambiar lo que por décadas –e incluso siglos- se ha preservado. Estos guardianes, entrenados por años, han logrado eliminar, asesinar a muchos soñadores y visionarios, están siempre listos, esperando que te decidas y des el primer paso, para tratar de persuadirte cortésmente y -si es necesario- utilizar todas sus armas para detenerte.

"El primer reto con el que te encontrarás en el camino será LA OPOSICIÓN"

En *genética conductual* se estudia el comportamiento de la persona, heredado por sus ancestros. Cuando el óvulo y el espermatozoide se unen, no solo se crea una mezcla de caracteres biológicos que determinan las características físicas del individuo, también contienen, una carga de herencia conductual. Por eso, observamos a niños que tienen expresiones o se comportan idéntico a "x o y" familiar, aún sin conocerlo. ¿Quién no recuerda expresiones como: "¡mira!, igual que el abuelo"?

Cuando algún miembro de la familia intenta lograr algo que jamás se ha hecho en su núcleo familiar o en su *clan*, habrá una resistencia inexplicable. Esto se denomina *lealtad familiar*. Por eso nos topamos con la oposición, en especial de parte de nuestros seres queridos, obviamente esto nos genera sentimientos encontrados, de no sentirnos apoyados y sentir que estamos traicionando al clan, creando muchas veces una gran tensión por la *"opinión y consejos"* de parte de nuestros seres queridos y *lo que deseamos hacer*.

Esta batalla duele profundamente en el corazón y es causante de gran parte de la deserción, motivo por el que muchos abandonan sus sueños y anhelos. El clan de los principales detractores estará conformado por personas cercanas a ti, seres amados -inclusive la persona que duerme a tu lado- de los cuales esperarías apoyo. Esta situación genera un gran desgaste de *energía emocional,* la cual requerimos para avanzar, el enigma es *¿por qué actúan de esta manera nuestros opositores?* Debemos de entender que a la mayoría de las personas les cuesta adaptarse al cambio, a pesar de que es una constante en la vida. Esto genera inseguridad e incertidumbre y una de las primeras necesidades básicas que el ser humano desea cubrir es la *seguridad.* Por ende, *todo lo que huela a inseguridad o riesgo producirá miedo,* en especial cuando se trata de algo totalmente **desconocido:** cuando cambiamos de ciudad, de trabajo, escuela, pareja, etc. Adicional a todo esto, si lo matizamos con nuestras experiencias, al haber sido éstas, desagradables, tendremos mayor incertidumbre, creando mucha resistencia, tanto interna como externa.

La pregunta del millón es: *¿qué hacer ante la oposición?*

Tendremos que entender que las personas que nos rodean actúan de una manera inconsciente, irracional y emotiva, debido a sus paradigmas, creencias, experiencias del pasado y programas mentales heredados. Todo lo antes mencionado, está tan arraigado, que se ha convertido en una sólida "verdad" y en un eje rector de la manera de *ser/hacer* de cada uno de ellos, por lo que, luchar contra eso no será sencillo. Por lo tanto, más que luchar, tendremos que hacer oídos sordos y fluir.

PRINCIPIO FÉNIX PARA EL ÉXITO #36

Con un nivel de consciencia más elevado, entiende y acepta que, en el camino al logro de tus sueños, habrá oposición por parte de tus seres amados. Muchos de ellos se convertirán en detractores, pero actúan así, no porque no te amen sino debido a sus paradigmas, creencias, experiencias del pasado y programas mentales heredados.

Tú tienes una consciencia más elevada. Tu horizonte es más amplio y desafortunadamente **lo que tú ves, tus opositores no lo alcanzan a ver.** Te has convertido en profeta de una nueva era de prosperidad y plenitud. Sé que muchas veces te vas a sentir como un evangelizador en el desierto, pero, poco a poco, se acercarán a ti, simpatizantes de tu visión, pasando a formar parte de tus seguidores y apóstoles.

Eso va a requerir que te mantengas *firme* a tus ideales revolucionarios. *La firmeza* es uno de los elementos claves. Una persona me dijo, -Joel, ¿cómo le hago para que mis seres queridos crean en mí en este nuevo emprendimiento si he fracasado anteriormente? -, le respondí: -Ellos creerán hasta que te vean avanzar firmemente sin titubear, la solución es la acción masiva, con paso firme. Que los frutos que coseches sean los encargados de hablar por ti-.

PRINCIPIO FÉNIX PARA EL ÉXITO #37

Avanza con paso firme y sin titubear; recurre a la acción masiva. Que los frutos que coseches sean los encargados de hablar por ti.

No sentirte capaz de lograr el éxito

Esta es una de las principales causas que propiciarán que abandones tus objetivos. No considerar que eres capaz de lograr lo que deseas o creer que tus objetivos son demasiado grandes (o tu muy pequeño) te va a paralizar, imposibilitándote para tomar acción o provocando que avances titubeantes, con temor e incertidumbre, dudando constantemente de ti y minimizando tus habilidades; el resultado final será, efectivamente, que no lo logres. El origen de esta creencia son un par de elementos de la autoimagen: *la autoestima* que se refiere a qué tanto valor te otorgas, independientemente de las circunstancias y *la autoconfianza,* que es la seguridad que tienes, qué tan confiado estás de tus capacidades.

Como ya habíamos comentado anteriormente, es de vital importancia para tener una vida en plenitud, trabajar en fortalecer nuestra autoimagen, en especial nuestra autoestima y nuestra autoconfianza. Cuando no tenemos la fortaleza requerida en esas áreas, nuestra voz interior se encargará de recordarnos de nuestra "supuesta" incapacidad para lograr lo que deseamos, susurrándonos cosas como: *"no servirá de nada", "no eres suficiente", "ya lo intentaste antes y no lo lograste", "para qué arriesgarse", "no pierdas tu tiempo", "si fueras más joven", "si tuvieras más experiencia".*

Este *diálogo* que está ahí atormentándote, se manifestará en tu día a día a través de malas actitudes, amargura y desanimo. Por eso, cuando veas a una persona con esas actitudes, es muy probable que en el fondo este frustrado por no tener la vida que tanto desea, por sentirse incapaz de lograrlo.

Nos convendrá realizar un autoexamen, para indagar entre nuestros pensamientos y emociones, para descubrir la causa de nuestras inseguridades y poder trabajar en ellas. Contesta las siguientes preguntas:

¿Cuál es tu mayor temor?
¿Cuál es el origen de ese miedo?
¿Qué sucedió en tu pasado por lo que temes no lograr lo que deseas?
¿Quién te pudiera ayudar a lograr tu nuevo objetivo?
¿Qué cambios te convendría hacer para sentirte más capaz y seguro?

Toma una libreta y responde con detalle. Al final encontrarás, que la mayoría de tus creencias, son sólo fantasmas y debajo de ellos se ocultan las emociones que quieres evitar, como el no sentirte capaz de lograr lo que tanto anhelas.

Al ser la *autoestima* y la *autoconfianza,* parte fundamental de la *autoimagen*, debemos de fortalecerlas a diario, teniendo acciones que las alimenten positivamente.

Responde:

¿Qué actividades te ayudan a sentirte más seguro?
¿Qué personas te inspiran y motivan, a las que te convendría frecuentar más?
¿Qué cosas son las que te ayudan a elevar tu autoestima y te apoyan a sentirte más confiado?

La clave es: *Identificar qué elementos te ayudan a mantenerte en un estado óptimo*, de paz, de empoderamiento, con altos niveles de energía, para que te atrevas a emprender con entusiasmo y confianza, considerando que lo mereces y que eres capaz de tener todo lo que deseas.

PRINCIPIO FÉNIX PARA EL ÉXITO #38

Identifica qué elementos te ayudan a mantenerte en un estado óptimo, de paz, empoderamiento y con altos niveles de energía.

Este par de elementos de la autoimagen, impactan notablemente en la creencia de ser capaz -o no- de lograr tus objetivos. En *coaching,* se consideran parte del grupo de **recursos internos** que te conviene desarrollar para lograr el éxito. Quiero enfatizar, que desarrollar estos nuevos recursos, será como aprender a tocar una guitarra: es necesario tener un instructor o guía, practicar los ejercicios oportunos y constancia para fortalecer las nuevas habilidades como un músculo en el gimnasio.

Frustración

Se trata de una respuesta automática a nivel emocional, que se presenta cuando no se están logrando las expectativas deseadas. Esta emoción se puede manifestar por medio del coraje, la ira, la impotencia, el desánimo, la depresión o la ansiedad. Es normal que todos, en algún momento de nuestra vida lleguemos a sentir esa sensación -de connotación negativa-, en especial cuando estamos emprendiendo algo nuevo, ya que el éxito es multifactorial. A medida que avancemos, tendremos que aprender que habrá factores que están fuera de nuestro control y otros que sí dependen de nosotros.

Fui a una agencia de una marca muy reconocida, para adquirir un auto nuevo, que me gusta mucho y que tener era un anhelo que tenía desde muchos años atrás. Por azares del destino el ejecutivo que me estaba atendiendo no estaba haciendo bien su trabajo -inclusive lo despidieron- y mi trámite para que me lo entregaran, pasó de 15 días a más de tres meses. Cuando ya habíamos acordado la fecha de entrega, yo vendí el auto que traía y durante el tiempo que demoraron en la agencia, estuve sin vehículo. Esto generó en mí mucha frustración, que se manifestó como impotencia y coraje. Finalmente, todo se solucionó.

A raíz de ese –y otros acontecimientos donde me he sentido frustrado- comprobé que **el problema de fondo ante cualquier situación que nos mueve de nuestro centro emocional es** *no saber gestionar adecuadamente las emociones que experimentamos como "desagradables".* Estas pueden permearse en otras áreas de nuestra vida, más allá de en la que estamos experimentando el conflicto. Muchas personas, al no gestionarlas adecuadamente, propician que permanezcan en ellos, por más tiempo del debido, como si se tratara de un auto atascado en un lodazal, –y mientras no se pida ayuda-, permanecerá atascado.

PRINCIPIO FÉNIX PARA EL ÉXITO #39

Aprende a gestionar adecuadamente las emociones que experimentas como "desagradables", para evitar que permanezcan en ti más tiempo del debido y afecten diversas áreas de tu vida.

Si no aprendes a gestionar ese sentimiento, podrá ser una causa por la que abandones tus sueños y metas.

Respecto a la frustración, debemos aprender a gestionarla ya que siempre que ponemos en marcha algún objetivo, en algún momento del trayecto, tendremos que enfrentarnos con retos de tipo emocional, relacionados con la insatisfacción que causan nuestros esfuerzos sin resultado. Esto no significa que hemos fracasado, es un indicador de que estamos actuando y de que deberíamos realizar algunos cambios en nosotros mismos o en nuestro plan, a fin de lograr lo que deseamos.

Un factor importante que debemos considerar es que **la frustración no es más que un escalón para el éxito.** Debes aprender a despertar el fuego interno que te impulse a continuar a pesar de la frustración. Todo dependerá de que entiendas que es una emoción y la clave será la manera de gestionarla. Deberás desarrollar y aplicar estrategias para mantenerte en un alto estado energético y emocional.

Para lograr tus objetivos y puedas sobreponerte a la frustración, te conviene aprender a mantenerte en tu centro, estar en paz, impregnado de altos niveles de energía física y emocional, pues no existen sueños inalcanzables, solo esfuerzos insuficientes.

En el Capítulo 10 de este libro, hablaremos de estrategias para mantenerte en altos niveles de energía emocional, para que puedas gestionar de manera eficaz este tipo de emociones y puedas continuar tu camino rumbo al éxito.

PRINCIPIO FÉNIX PARA EL ÉXITO #40

No existen sueños inalcanzables,
solo esfuerzos insuficientes.

Fracaso temporal

La mayoría de las personas creen que el fracaso es lo contrario al éxito, ¡nada más alejado de la realidad! **El fracaso es parte del éxito.** El fracaso es no estar logrando lo que deseas en este momento, **es un indicador que se presenta solo con las personas que están en acción,** emprendiendo algo, pero por falta de mentoría, muchas personas al no tener el resultado deseado finalmente abandonan.

¿Qué es el aparente fracaso y cuándo se presenta?

Cuando estaba en ventas directas aprendí un principio: de cada 5 presentaciones de mi producto, 4 me dirían que no. Muchos vendedores inexpertos, se enfocaban en los 4 no sintiéndose desanimados, *"fracasados"*. Vi pasar a muchas personas que llegaban atraídos por las altas comisiones, pero huyendo por *"los no"*. Ahora entiendo que en todo emprendimiento vamos a enfrentarnos a "los no", por lo tanto, **si realmente deseas triunfar tienes que prepararte mentalmente para gestionar adecuadamente esas emociones generadas por no tener ese resultado deseado.**

Cada aparente fracaso me acerca al éxito

Si por el momento no has logrado lo que tanto deseas, no significa que has fracasado, simplemente debes de corregir algunos detalles para finalmente alcanzar tu objetivo.

Podemos encontrar por todos lados, historias de grandes hombres y mujeres que, para lograr su objetivo, tuvieron que intentarlo una y otra vez. *Tomas Alba Edison* es famoso por sus muchos intentos fallidos al momento de inventar la bombilla eléctrica, hasta que finalmente logró desarrollar el material indicado para su invento. Una de las personas que admiro mucho es el brillante, polémico y revolucionario *Elon Musk*, fundador de las empresas *Solar City*, *Tesla Motor* y la empresa Aeroespacial *Space X*. En esta última, es conocido por sus múltiples intentos fallidos de lanzar un cohete al espacio con la particularidad de que, después de lanzar la carga útil al espacio, regresan y aterrizan en una base en la tierra y algunos, en una base en el mar, algo nunca hecho anteriormente. Casi queda en la quiebra, pero finalmente logró desarrollar un modelo que fuera al espacio y regresara intacto.

"El éxito no es para cualquiera, es para las personas que continúen avanzando a pesar de los aparentes fracasos
¡Ánimo! ¡Continua tu camino mi querido conquistador de sueños!"

Pudiéramos continuar con más historias, pero ¡qué mejor ejemplo que tú! Estoy seguro de que, en algún momento de tu vida, te propusiste lograr algo, te apasionaste, te obsesionaste y a pesar de que al principio no tenías los resultados esperados y te enfrentaste con el fracaso temporal, continuaste avanzando y finalmente, lo lograste. Si haces un análisis a profundidad, descubrirás que todos esos emprendimientos en los que "fracasaste", los abandonaste sin intentar lo suficiente, pues su común denominador es que eran objetivos que solamente *"te simpatizaban"*, pero faltaba un ingrediente fundamental: ***Pasión***, que es el fuego interior que te hace avanzar *¡A todo vapor!* como una locomotora imparable.

Emprende solamente lo que te apasione, así tendrás la garantía de que nunca más fracasarás, pues lo que haces con pasión no lo abandonas.

Te sugiero que sólo emprendas lo que te apasiona y encienda el fuego de tu corazón.

"El fracaso temporal, es un fiel indicador de que vas avanzando"

Besando a las nubes

Después de varias horas de ascenso desde la *zona de cabañas*, mi corazón empezó a latir fuertemente porque sabía que la cumbre estaba a unos cuántos metros. El primero en llegar fue Carlos, posteriormente Fernando y finalmente yo, en la cima la vista era maravillosa.

Se alcanzaban a ver las faldas del volcán repleto de árboles. A lo lejos, en el horizonte se veían otras cumbres por conquistar. Ésa pendiente arenosa por la que se tiene que pasar para llegar a la cumbre, que antes de subirla se veía gigantesca, ahora, desde arriba, se veía pequeña e insignificante.

En mi rostro se dibujó una sonrisa. No pude evitar sentir una enorme satisfacción ¡lo había logrado! Como es costumbre, Fernando destapó una botella de vino tinto, tomó un sorbo, me pasó la botella y le dije –¡Realmente este si es un vino de altura! -, Carlos y Fernando se rieron, mientras yo no dejaba de sentirme pleno y satisfecho por estar ahí. Era la primera vez que ascendíamos a una cumbre juntos, por lo tanto, brindamos.

En ese momento, una nube acarició mi rostro. Cerré los ojos y sentí cómo rozó mi piel ¡Ese día besé mi primera nube!

Continúa avanzando a pesar de los retos... Continúa...

Recuerda: **Los retos en el camino no significan que eres incapaz de lograr todo lo que deseas.** Cuando te empoderas, te preparas y te mantienes enfocado el tiempo necesario, puedes lograr prácticamente todos tus sueños, así que, tarde o temprano podrás disfrutar de los frutos de tu esfuerzo. Algún día en el futuro, eso que tanto deseas será parte de tu cotidianidad y todas las dificultades por las que atravesaste, no serán más que un recuerdo y un gran aprendizaje.

Créelo, eso que hace vibrar tu corazón en alta frecuencia, eso que te quita el sueño y eriza tu piel de emoción, será parte de tu vida diaria si perseveras. Los retos son solo un indicador de que debes prepararte, forjar tu carácter y templar tu corazón, como la espada de un legionario. Solo así podrás abrir tus alas y volar en las alturas como una majestuosa águila imperial, que tiene su hogar en lo más alto de las cimas: *el nido del águila, tu hogar, tu destino, las aturas.*

Sigue avanzando, a pesar de los retos que enfrentarás en el camino, continúa siempre, recordando que hay grandeza dentro de ti para lograr todo lo que resuene en tu corazón. **Te encontrarás con obstáculos, pero estos te servirán para**

corroborar tu capacidad creadora. Habrá oposición, inclusive algunos se reirán de ti, pero te aseguro que ellos serán los primeros en felicitarte diciéndote: *"Yo siempre confié en que lo lograrías".*

Continúa avanzando, jamás retrocedas, a pesar de la frustración que quema tus entrañas. Recuerda que ese fuego que sientes está forjando tu carácter, preparándote para mayores retos.

Continúa avanzando, no temas, aunque en el camino te encuentres con el fracaso temporal. No cambies tu objetivo. Tal vez modifiques la ruta, pero no abandones. Te prometo que si continuas, en el momento menos esperado, a poca distancia de ti, alcanzarás a ver la cima. En ese momento una voz dentro de ti te dirá: *-Lo has logrado, me siento muy orgulloso de ti eres un campeón, eres un águila volando en las alturas-.* Esa voz te dará la bienvenida a tu grandeza.

Capítulo 7
Los Pilares del Éxito

**"Nunca moriría por mis creencias,
porque podría estar equivocado"**

Bertrand Russell

Su cuerpo estaba cansado y envejecido. En su rostro se marcaban unas profundas líneas de expresión, que delataban sus luchas y angustias, por el inmenso amor que tenía a su nación y a su pueblo. Pero a pesar de todo decidió, por enésima vez, iniciar otro prolongado ayuno en pro de la paz de su nación, para lograr la armonía y reconciliación entre las dos nuevas naciones: India y Pakistán, que se encontraban envueltas en una sangrienta lucha entre ellos.

Sabían muy bien que el poder de *"Bapu"* (como lo llamaban cariñosamente), radicaba en su amor y su filosofía de vida de *"no violencia"*, algo muy radical y revolucionario;

un hombre pacifista y congruente con sus creencias y valores, que logró impactar en la vida de millones de personas, no solo en su nación, sino en muchas partes del mundo, desde entonces, hasta la actualidad.

Pasaron los días desde el inicio de su ayuno y su cuerpo se debilitaba conforme pasaban los días. La noticia se fue propagando en la India y Pakistán: "*Gandhi* había iniciado otro ayuno". Conforme se fue conociendo y debido al gran respeto y amor que le tenían al "*padre de la independencia*", las revueltas empezaron a cesar, hasta que terminaron totalmente. Solo bastó un hombre para detener la lucha entre estas dos naciones hermanas: *Mahatma Gandhi, "Gran Alma"*.

Realmente Gandhi, era un hombre muy poderoso e influyente entre sus connacionales. Para ese momento la India luchaba por liberarse del yugo de los ingleses, un puñado de personas dominaban y literalmente esclavizaban a cientos de millones, pero gracias al liderazgo de este hombre de pequeña estatura, finalmente vencieron a los ingleses y *Gandhi,* se convirtió en leyenda.

El poder de la filosofía de vida

Filosofía de vida, se refiere al conjunto de *ideas, creencias, actitudes y valores que rigen la vida de una persona* o grupo de individuos. También puede ser explicada como: "*La forma en que un individuo decide vivir*" y al decir **decide** se refiere a que esta debiera de ser **consciente**. Desafortunadamente la mayoría de las personas son inconscientes al momento de tomar decisiones importantes, simplemente se van dejando llevar -a la deriva- por filosofías impuestas por otros, manifestando en muchas personas una vida sin dirección y accidentada, "*a la buena de Dios*".

Este tema, tiene una connotación fundamental en nuestra existencia, ya que es un eje rector para experimentar el éxito. Tener una *filosofía pro-éxito* será fundamental para que tengas una vida con sentido, éxito y plenitud, lo cual marcará inclusive a las generaciones venideras de tu familia, ya que será una herencia que ellos adopten como un *estilo de vida*. La Filosofía de Vida es una manera de ser y hacer las cosas; impactando positiva -o negativamente- a través de tu ejemplo, no solo a tu familia, sino a todos los que entren en contacto contigo o con tu legado. Pero, ¿qué elementos componen una filosofía de vida?, ¿qué relevancia tiene en el destino de un individuo?

PRINCIPIO FÉNIX PARA EL ÉXITO #42

Construye una filosofía de vida pro-éxito,
que brinde significado a tu misión y que te permita
moldear tu camino, vivir con sentido y plenitud.

Vamos a analizar estos elementos, para posteriormente, identificar cuáles son los que nos conviene agregar a nuestra vida.

Ideas preconcebidas

Esta es *una opinión determinada*, que tenemos respecto a una cosa, suceso o persona. Por medio de nuestra educación nos son implantadas un conjunto de ideas, cuando escuchamos opiniones de nuestros educadores u otras personas que influyen en nosotros. A lo largo de nuestro desarrollo, se refuerzan al escuchar que se repiten una y otra vez, validándolas como nuestras, aunque no hayamos comprobado si son realmente ciertas.

Hay un montón de ideas que escuchamos de las personas importantes en nuestra vida, que seguimos a pesar de que no son funcionales y curiosamente no las cuestionamos.

Esto que denominamos *"idea"* no es todavía una creencia, pero nos sirve como referencia importante al momento de tomar decisiones, aunque no esté 100% comprobada. A través de esto podemos darnos cuenta, cómo las ideas son determinantes en nuestro comportamiento.

Opiniones + Referencias = Idea preconcebida

PRINCIPIO FÉNIX PARA EL ÉXITO #43

Identifica las "ideas preconcebidas" que han sido implantadas por opiniones o referencias de personas importantes en tu vida y que influyen -positiva o negativamente- en tu criterio, al momento de tomar una decisión.

"Las ideas preconcebidas son la cerradura de nuestra sabiduría".

Merry Browne

Creencias

¿Alguna vez has tenido una discusión con alguien que, aunque esté equivocado defiende a capa y espada su postura? Eso se debe a que cuando una persona cree en algo, lo convierte en una verdad en su vida. Como este tema es fundamental y parte de la filosofía de vida, vamos a analizarla a profundidad. El ciclo por medio del cual se gesta una creencia es el siguiente: ella nace después de un conjunto de ideas preconcebidas, como algo que das por hecho y que conviertes en realidad, pues conducen tus acciones y éstas generan experiencias. **Las experiencias confirman que tus creencias son correctas, de tal manera que comienzas a defenderlas fervientemente.**

Tus creencias se convierten en un filtro que matiza lo que está pasando a tu alrededor e impacta en tu manera de pensar, actuar, inclusive afecta tu fisiología y la química de tu cuerpo. Hay creencias que nos empoderan y desafortunadamente también las hay limitadoras. Cada una de ellas llegan a convertirse en una verdad absoluta en tu vida, por lo que es de vital importancia entender el proceso de gestación de una creencia y aprender a identificar si nos impulsan o nos limitan.

PRINCIPIO FÉNIX PARA EL ÉXITO #44

Identifica las ideas bajo las que te desarrollaste y que convertiste en creencias a través de las experiencias que fuiste acumulando ¿Cuáles creencias son potenciadoras de tu capacidad?, ¿cuáles limitan tu potencial?

El síndrome de la pulga adiestrada

Una pulga es un pequeño insecto que mide entre 1.5 a 3 milímetros. Sorprendentemente, tiene la capacidad de saltar hasta 200 veces su tamaño. Eso equivaldría a que un hombre saltara aproximadamente 400 metros, ¡sólo imagínalo!, ¡sería una gran hazaña! Esa es una particularidad inherente a una pulga, es parte de su capacidad física.

Mamá pulga y papá pulga no tienen que contratar a un entrenador, ni a un motivador para desarrollar esa capacidad o para convencer a la bebé pulga de que "¡Sí se puede!", pero el entorno sí puede influir en la pulga para limitar su capacidad. ¿Cómo podríamos influir en ella? Es más fácil de lo que te imaginas condicionar las potencialidades de una persona o animal, inclusive una pulga.

Para modificar y limitar el potencial de una pulga, con respecto a su capacidad de saltar, hacemos lo siguiente: ponemos a la pulga dentro de un recipiente de poca altura, muchísimo menor de la altura a la que podría saltar normalmente. Ya estando dentro del recipiente, lo tapamos. Cada vez que la pulga salte se va a topar con la tapa. Por su naturaleza saltará una y otra vez, intentando alcanzar su máximo potencial, pues sabe que lo puede lograr. Sin embargo, cada vez que salte, se golpeará con la tapa del recipiente; como es muy tenaz lo intentará en incontables ocasiones, pero, conforme va pasando el tiempo y los intentos son inútiles, se va a reconfigurar su *"sistema de creencias"* desarrollando un nuevo programa mental.

Se creará una nueva verdad: *"Una pulga no puede saltar muy alto, porque si lo intenta tendrá dolor"*. Ella no sabe que hay un factor externo, que no le permite alcanzar su máximo potencial, pero como no tiene la capacidad de análisis, toda su fisiología se reconfigura a su nuevo patrón mental. La pulga cada vez saltará menos, alcanzando resultados muy por debajo de su potencial, para no golpearse ni hacerse daño. Un tiempo después de que se haya afianzado su nueva creencia, aunque la saquemos del recipiente, toda su vida saltará por debajo de su capacidad –o tal vez nunca intente siquiera saltar otra vez, por miedo a hacerse daño-, salvo que vaya a un *entrenamiento de reconfiguración mental de Joel Martínez*.

¡Wow!, ¡es extraordinario cómo se forma una creencia y se adhiere a nuestros programas mentales!, ¿cuántas personas estarán viviendo por debajo de su capacidad?, ¡pregúntate si tienes el síndrome de la pulga adiestrada!

Anclado a tus creencias

Algo que deseo te quede claro, es que tus creencias se terminan por convertir en tu verdad, terminando por defenderlas a capa y espada. Por eso, **discutir con alguien que tenga una firme y sólida creencia, intentando que entienda tu perspectiva, es una de las acciones más estériles que puedes hacer.**
El verdadero cambio, inicia desde el interior. Si tus patrones mentales son positivos, se convertirán en una plataforma de lanzamiento para expandir tu mundo y lograr todo lo que deseas. Algunos ejemplos, son: *"Dios está conmigo y por eso puedo lograr lo que deseo", "Yo siempre gano".* Estas creencias son empoderadoras. Sin embargo, cuando tienes alguna creencia limitante o negativa se convertirá en un ancla para tu vida, por ejemplo: *"Porque soy muy joven no me dan trabajo", "En esta ciudad es difícil triunfar".*
Imagina un gran buque con motores poderosos. A punto de zarpar, a pesar de su gran poder, si sus anclas están firmemente fijadas en el suelo marino, difícilmente podrá moverse. No es un tema de potencial, porque el gran buque

tiene unos gigantescos y poderosos motores. Es porque las anclas le impiden avanzar.

¿Cuántas creencias limitadoras tienes que no te permiten avanzar a pesar de tu gran potencial?

¿Cómo identificar lo que está deteniendo tu poder interior para lograr lo que deseas?

Este es un tema crucial para el éxito: identificar nuestras creencias limitantes y mejor aún, poder modificarlas por otras creencias más convenientes, que nos empoderen. Primero, debemos de saber qué elementos conforman una creencia:

Ideas preconcebidas
+ Experiencias personales = Creencias

Cuando hacemos una suma de ideas preconcebidas, más experiencias (en especial cuando estas tienen una carga emocional con gran significado para nosotros) se multiplica el impacto, conformando una sólida creencia.

Una sólida creencia, puede cristalizarse lentamente, al estar sumando elementos que la fortalecen. Por ejemplo: Una mujer se casa y le va muy mal en su matrimonio. Por diversas razones, se divorcia (experiencia). Después una amiga, le platica que a ella también le fue muy mal en su relación (opinión). Se vuelve a casar y tiene otra vez un desafortunado desenlace (una experiencia más). Debido a estos elementos: experiencias, más opiniones, ella podría conformar una creencia como *"Todos los hombres son iguales"*, aunque si somos objetivos, esa afirmación no es correcta.

Pero una creencia arraigada, también se puede formar de una manera rápida y profunda. En psicología este fenómeno se denomina *impronta* y tiene la característica de establecerse en un momento crucial para una persona, es decir, en circunstancias de *alto nivel de emotividad* o gran significado. Una vez que queda establecida, es muy difícil de modificar.

PRINCIPIO FÉNIX PARA EL ÉXITO #45

¿Qué sucesos de alta emocionalidad o gran significado (improntas) han marcado tu vida y con ello establecido creencias que has convertido en verdaderas?

Imagina un disco de vinil, de esos con los que se escuchaba música en los años 60´s a los 80´s. Tenían unos surcos donde quedaba grabava la música y al poner una aguja electrónica, esta leía y mandaba los sonidos a las bocinas. Se asemeja a lo que denominamos *"canales neuronales"*: Siempre que la aguja pase por cierto lugar se escuchará la misma tonada.

Una impronta es como tomar un objeto filoso y con fuerza pasarlo sobre la superficie del disco de vinil, se crea un profundo surco, que modificará la manera como se escucha la música. Cuando una impronta es negativa la llamamos *trauma* o *fobia*.

En mis entrenamientos presenciales, trabajamos para identificar las creencias limitantes de los participantes, para crear a través de estrategias y técnicas de PNL, una impronta positiva, modificando y re encuadrando esa creencia limitadora, cambiándola por una empoderadora.

Valores

Se trata de aquello que un individuo considera de gran valía en su vida, deseando que sea parte activa de su cotidianidad. Algunos ejemplos de valores pueden ser: el amor, el respeto, la justicia, la honestidad, la libertad, la puntualidad. Además, también puede tratarse de objetos, lugares, momentos o personas, como: tener una casa propia, tener un coche nuevo, tener dinero, vivir en el campo, la familia, los padres, los hijos, etc.

Estos valores -en su mayoría-, son inculcados por parte de personas que representan una autoridad moral en nuestro proceso de desarrollo. Algunos de ellos expresan necesidades basadas en nuestras vivencias, por ejemplo: para una persona que vivía en esclavitud en el siglo XVIII, la libertad era primordial y valiosa, basado en sus necesidades. **Los valores pueden cambiar de acuerdo con las necesidades de las diversas etapas de nuestra vida.** Algo que no es valioso o no tiene gran relevancia en este momento, a futuro pudiera convertirse en algo de gran valor para nosotros.

¿Cuáles consideras que son tus valores? Realiza una lista que responda esta pregunta.

¿Por qué haces lo que haces? Al identificar tus valores, podrás entender en gran parte, tu manera de actuar. Cuando algo que deseas, choca directamente con uno de tus valores profundamente arraigados, habrá un corto circuito en tu cerebro. El choque provocará que, en vez de estar motivado a lograrlo -aun cuando tu deseo sea profundo- te alejes de lo que deseas. Por eso es importante que *alinees tus objetivos con tus valores.*

Un ejemplo puede ser, anhelar tener muchas cosas o lograr un determinado estilo de vida, para lo cual necesitas tener dinero, pero en el fondo, no consideras que el dinero sea necesario o valioso. Por más que anheles todas esas cosas o un grandioso estilo de vida, resultará difícil de conseguir si no valoras realmente el dinero, en el área donde el dinero es muy valioso.

¿Mis objetivos están totalmente alineados con mis valores?

Algo primordial que tienes que buscar al poner en marcha tus sueños, es la claridad acerca de cuáles son tus valores. Una vez que clarifiques tus valores y filtres tus objetivos a través de cada uno de ellos, podrás tener la certeza de que no se confrontarán unos con otros.

Algunas veces tenemos interpretaciones erróneas de nuestros valores con respecto a nuestros deseos, por ejemplo: un pastor de una iglesia cristiana que vendía seguros de vida consideraba que no era correcto promover sus servicios y productos entre los integrantes de su iglesia. Por un lado, tenía el objetivo y anhelo de aumentar sus ventas, pero por otro, consideraba que no era ético promover los seguros entre sus feligreses, ya que el objetivo en la iglesia era espiritual. Consideraba que estaría aprovechándose de su posición de liderazgo para hacer una actividad comercial y verse favorecido.

Platicando con él le hice algunas preguntas: -Pastor, su producto, ¿es una bendición para quien lo adquiere? - él contestó: - ¡Claro Joel! -. - ¿Si algún miembro de su iglesia fallece sin un seguro de vida, usted lo lamentará? - inclinó la cabeza y me dijo –Sí-. Finalmente le pregunté: -Si los miembros de la iglesia lo estiman, ¿a quién considera usted que preferirían beneficiar en la compra de un seguro, a usted o a un extraño? -. Él se queda meditando unos minutos, me miró y me regaló una sonrisa. En ese momento entendí que su objetivo se había reconciliado con su valor. Los valores se convierten en un riel que encauza nuestra vida.

PRINCIPIO FÉNIX PARA EL ÉXITO #46

Identifica cuáles son tus valores. Una vez que tengas claro cuáles son, has consciencia de si, tus valores están alineados con tus objetivos. Si descubres que no es así, implementa un plan de acción para alinearlos.

La suma de nuestras creencias, valores y actitudes dará como resultado nuestra filosofía de vida:

Valores + Creencias + Actitudes = Filosofía de vida

Principios para el éxito

Conforme la ética y la moral, los principios son normas o reglas que orientan y guían a las personas. También se denominan "*máximas*". El Dr. Stephen R. Covey los define como "*Faros en el camino*". Se trata de "*Leyes naturales*" o "*Leyes de sentido común*" que no se deben quebrantar. El que ignore dicha advertencia sufrirá las consecuencias.

"La vida no golpea a nadie, nosotros nos golpeamos al chocar con los principios universales"

Una de las claves para el éxito y la plenitud es **identificar los principios universales.** Estos están ahí desde hace mucho tiempo. Cada vez que choquemos con uno de ellos, ya sea de manera consciente o por ignorancia, será un retraso para el logro de nuestro éxito y plenitud. Muchas veces llevará años reparar los daños y retomar el camino.

Filosofía Pro-Éxito

Ahora que ya hemos estudiado los componentes de la filosofía de vida, podemos armar nuestra propia filosofía de vida de manera consciente, con los elementos adecuados para enriquecerla de manera que nos impulsen a lograr lo que deseamos. Te invito a formular una filosofía, que brinde un fuerte significado a tu misión. Recuerda que esta se convierte en uno de los principales pilares y motivaciones en el día a día, hacia el logro de nuestros objetivos.

Todavía resuenan fuertemente las palabras que el pastor *Martin Luther King Jr.* recitó en su emotivo discurso en 1963 en Washington: *"Yo tengo un sueño"*, ante más de 200 mil personas, en el cual plasma claramente su filosofía de vida, de igualdad de derechos entre las personas, no importando, la raza o condición:

"Yo sueño con que mis cuatro hijos vivirán un día en una nación donde no serán juzgados por el color de su piel, sino por el contenido de su personalidad"

Martin Luther King Jr.

El primero de mayo de 2010, llegó a la presidencia de Uruguay, el polémico *Pepe Mujica,* guerrillero del Movimiento de Liberación Nacional-Tupamaros, quien se caracterizó por tener una presidencia sumamente austera, renunciando al 90% de su sueldo y al privilegio de vivir en la casa presidencial rodeado de más de 40 personas a su servicio. Conducía un viejo Volkswagen del año 1987, por el que un jeque árabe le ofreció un millón de dólares, oferta que se rehusó aceptar, pues su filosofía de vida se plasma claramente en su frase: *"No soy pobre, soy liviano de equipaje, vivir con lo justo para que la cosas no me roben la libertad".* Considerado el presidente más austero del mundo.

En el polo opuesto tenemos al naviero *Aristóteles Onassis,* un multimillonario que acumuló una fortuna desorbitante: dueño de barcos, hoteles, casinos, aviones, yates, islas y esposo de *Jackie Kennedy, "el griego de oro"* (como lo llamaban).

Para él, el dinero era su religión; una frase célebre que muestra perfectamente su filosofía es: *"¿Qué haría si perdiera, súbitamente, todo mi dinero? Conseguiría un trabajo que me permitiera ahorrar, al menos 300 dólares. Entonces me compraría un traje caro y me iría a donde estuviesen los ricos".*

Como podemos observar **la filosofía de vida de una persona, se convierte en eje rector de su vida,** el riel que conduce sus decisiones. *Todas nuestras acciones se alinearán en total congruencia con nuestra filosofía.* Al identificar qué deseamos manifestar, de una manera consciente y premeditada, nos convendrá elegir los mejores elementos para conformar una filosofía pro-éxito, que embone perfectamente con nuestros deseos.

Si las creencias se convierten en nuestra verdad:

¿Qué creencias nos conviene adoptar para que nos impulsen a lograr nuestros objetivos?

¿Qué valores son los que se alinean perfectamente con nuestros sueños?, por último: *conocer los principios que rigen el universo, para no chocar con ellos.*

PRINCIPIO FÉNIX PARA EL ÉXITO #47

¿Qué ideas y opiniones te conviene escuchar?
Elige meticulosamente a quién escuchar.
Escucha solamente a las personas cuya filosofía de vida es congruente con tus sueños, de tal manera que alinees tus valores y tus objetivos.

La filosofía del resultado

Una de mis filosofías personales la denomino: *"La filosofía del resultado".* Es muy sencilla la explicación: Cuando alguien me quiere convencer de algo, más que escucharlo

observo los frutos que tienen dichos argumentos. Tiendo a seguir no solo a las personas con las que conecto, sino a las personas que ya tienen resultados. Si hay algo que me mueve y me convence plenamente es eso: *el resultado.*
Tengo una regla de comunicación con mi equipo en mis empresas: les pido que no perdamos tiempo. Si desean promoverme algo nuevo o modificar algo en los procesos que estamos implementando, les solicito que de antemano hayan probado que tuvo resultado. Actualmente hay muchos *"merolicos"* en las redes sociales, sin fundamentos y sin resultado, pero como son buenos comunicólogos, la gente los sigue. Uno de mis principales mentores me enseñó: *Elige meticulosamente a quien vas a seguir.* Así que decido a través de *"La filosofía del resultado no del argumento".*

PRINCIPIO FÉNIX PARA EL ÉXITO #48

¿Quién tiene el resultado que ya deseas?
Sigue a las personas que ya tienen el resultado,
pues significa que su modelo de creencias y valores,
los llevó a donde están. No escuches a los demás sólo
porque tus ideas son similares a las suyas o estarás
destinado a quedarte donde estás.

DECRETO

Abro mis brazos a una nueva oportunidad en mi vida. Tengo claro lo que deseo lograr. De manera premeditada y proactiva, elegiré los mejores elementos para conformar una filosofía de vida que impulse mis objetivos y me permita tener una existencia con significado, digna de ser vivida.

Mi destino es la grandeza, impacto positivamente en miles de personas, porque estoy formado de polvo de estrellas y dentro de mi ADN, Dios depositó una misión especial, que cumpliré con cabalidad.

Elijo escuchar sólo la opinión y enseñanzas de los grandes maestros, que, a través de su vida, me demuestran que son dignos de seguirlos.

Identifico qué creencias me conviene cultivar en mi vida, ya que estas se convierten en mi verdad. Creo firmemente que Dios siempre estará a mi favor, que dentro de mí está todo lo que necesito para triunfar. Creo que, a pesar de los retos de la vida, saldré siempre avante ante cualquier circunstancia, pues mi destino final es conquistar la cima.

Dedico tiempo para meditar e identificar qué valores son los indicados para tener una vida con grandeza. Los valores como el amor, la honestidad, la riqueza, la generosidad, la familia enriquecen mi filosofía de vida, todos los días.

Aprendo observando la naturaleza, para conocer los principios y leyes universales que nuestro amoroso Padre Celestial dictó para la preservación del orden en el universo. Al conocerlos, los reconozco y descubro que forman parte de mí, los respeto y tengo una vida en plenitud, sin sobresaltos.

Mi filosofía de vida es el eje rector de mi existencia, me apoya a lograr todos mis sueños y es digna de ser seguida por otros, sumando también a que ellos tengan una vida plena y llena de abundancia.

Capítulo 8
Forjando tu Espada

"**El hierro forja al hierro y un hombre a otro hombre**"

Proverbios 27:17

Se escucha a lo lejos un golpe sordo, que se repite rítmicamente, una y otra vez. El maestro herrero es observado atentamente por su aprendiz, pues este sabe que es un privilegio ser enseñado por él. La forja está a su máxima temperatura. Una y otra vez el maestro martillea la barra de acero que (poco a poco, con los golpes, el fuego y el agua) va tomando la forma de una majestuosa espada. Encargo especial del rey, el joven discípulo se siente orgulloso y mira con admiración al adiestrado maestro, creador de las mejores espadas del reino. Continua con su cometido y los golpes invaden todo el taller.

De vez en vez, el maestro blande la que será una espada, para observar los avances, se esmera como nunca. La excelencia siempre ha sido su sello personal, pero esta vez está creando su máxima obra. Monarcas y valientes guerreros de muchas partes, acuden a él para ser privilegiados con sus creaciones, pero ahora está en un reto superior: crear la mejor espada construida hasta el momento. Casi terminada, inicia a imprimirle el sello personal del rey. El discípulo se acerca para ver el nombre grabado en la espada. El maestro finaliza la obra, la levanta al aire como peleando con seres invisibles y emite de lo más profundo de su ser, un grito de victoria: ¡ha creado la mejor espada!, ¡excalibur!

La vida, en conjunto con los acontecimientos de nuestra cotidianidad, es una verdadera forja que tiene como objetivo templar nuestro carácter. Cada suceso será como un martilleo, que nos fortalecerá y nos preparará para el siguiente reto, siempre y cuando, no evadamos la lección que podemos extraer de cada vivencia, en especial de los momentos difíciles.

En la Biblia hay un poderoso texto que dice *"El hierro forja al hierro y el hombre a otro hombre"*. Se refiere al crecimiento personal que logramos tener en carácter, templanza de espíritu y liderazgo, lo cual lograremos cuando interactuemos con otras personas, en especial con individuos que son superiores que nosotros en algún área. Hace poco, tuve una pequeña discusión con una persona muy cercana a mí, pues mientras esta afirmaba que todos somos iguales, yo le explicaba que hay personas superiores que nosotros. Aclaro que todos somos igual de valiosos, como personas. Pero en el contexto de resultados y preparación, siempre habrá una persona de la cual podamos aprender para estar en constante crecimiento y así poder tener nuevos logros en nuestra vida.

Hay áreas en las que otros son superiores y de éstas son de las que debemos aprender.

PRINCIPIO FÉNIX PARA EL ÉXITO #49

Cada suceso en tu vida será como un martilleo que te fortalecerá para el siguiente reto y templará tu carácter hasta convertirte en una obra majestuosa ¡No evadas la lección!

Un consejo que doy recurrentemente es el de rodearnos de estas personas que son superiores que nosotros en algún ámbito, elegir a quienes tienen los resultados que queremos en un área específica para modelarlos y que sean nuestros mentores. En el momento en que tomes esta decisión, tu vida se revolucionará espectacularmente. El término *"mentor"*, se origina del poema épico griego *"La Odisea"*, en donde se nombra a un anciano llamado "mentor" que funge la labor de tutor de un hijo de Ulises. También el *Rey Filipo III* de Macedonia, padre de *Alejandro Magno,* le designó la tarea a *Aristóteles* de ser el mentor de su hijo a partir de los 13 años, el cual influyó tremendamente, en el ámbito intelectual y filosófico en el póstumo conquistador.

El tiempo, es uno de los recursos más valiosos. Una vez que pasa, no regresa, ni lo podemos volver a crear. Por lo tanto, la más sabia decisión que podemos tomar es buscar aprovecharlo al 100%. Cuando veo a una persona que no lo valora, me gustaría decirle (si esto fuera posible): "Te compro los años de vida que no deseas". Una de las claves para potencializar el tiempo, es el de **la transferencia de conocimiento y experiencias.** Cuando alguien que ya vivió un determinado suceso o ya logró lo que tu deseas, te comparte sus vivencias y te ayuda a no desviarte o perderte en el camino.

El espejo

Una de las interacciones humanas más complejas y enriquecedoras, que nos dará muchas satisfacciones -o dolores de cabeza-, es la relación de pareja. Si hay alguien que te conoce tal como eres, con quien estás totalmente desnudo –no solo físicamente-, es con tu pareja. Se trata de la persona que sabe cuáles son tus fortalezas y debilidades, tu luz y tu sombra, con la cual eres vulnerable. Terminará entonces, por convertirse en un espejo, donde se reflejarán las áreas que tendrás que trabajar, para ser mejor.

¡Vaya que será una aventura! –al estilo de *Indiana Jones*-, pero, ¡vale la alegría! Una de las principales causas de fracaso en cualquier área de la vida, es elegir erróneamente. Esto se debe a que no tenemos parámetros de elección y mucho menos contamos con la asesoría indicada para elegir. Un buen ejecutivo de ventas, antes de ofrecerte algo, indaga tus necesidades y tus posibilidades, para posteriormente, hacerte un ofrecimiento conveniente. En el área de pareja es exactamente lo mismo: muchas personas desafortunadamente eligen erróneamente (en general no es que sea mala la persona). Me ha tocado ver –en muchas ocasiones-, que dos personas buenas se separen, lo cual tiene que ver, con que no se ha creado una *visión clara del futuro* (en ninguna de las dos partes) y de lo que realmente desean. Se unen por factores poco relevantes, como atracción física o soledad.

PRINCIPIO FÉNIX PARA EL ÉXITO #51

Una de las principales causas de fracaso en cualquier área de la vida, es elegir erróneamente. Establece parámetros de elección y busca asesoría de alguien que vaya más adelante que tú siempre que vayas a tomar una decisión.

Dichos factores, se van disipando en el día a día. Así que la clave para evitar el fracaso es *siempre tener claro qué es lo que deseamos*, cuál es la intención profunda de nuestro corazón, qué anhelamos obtener o lograr. Cuando tenemos clarificado nuestro camino, entonces podemos hacernos preguntas como: ¿Esta persona tiene las características idóneas para acompañarme en el cumplimiento de mi misión? Pero también a la inversa: ¿Yo soy la persona idónea para apoyar a esta persona a que logre su misión?, ¿me conecta su visión?, ¿estoy entusiasmado con lo que desea?, ¿soy su fan incondicional?, ¿podemos crear en conjunto una visión?, ¿tenemos una visión y misión de vida similar? Entre más cosas en común tengas, la posibilidad de lograr el éxito será mayor (en cualquier relación). Eso de que *"los polos opuestos se atraen"*, no es más que una mera suposición expuesta, en los libros de ciencia ficción.

Si hay algo a lo que deberíamos meterle mucho análisis y racionalidad, es al tema de **la elección de la persona que**

nos acompañará en el camino. En cambio, le metemos altas dosis de *emotividad* (lo cual no está tan mal, si no permitimos que esta nos nuble la razón), lo cual nos llevará a tomar pésimas decisiones en la mayoría de los casos. Pasamos por alto las señales y nos convencemos de que *"todo saldrá bien"*. Al final del día, la clave para que una relación sea exitosa, es buscar enriquecer la vida de la otra persona (siempre que esta lo quiera y lo valore) y qué mejor manera de hacerlo que cumpliendo tu misión de vida, siendo feliz y convirtiéndote en referente para que los demás logren una vida mejor. Algo que continuamente platico con las personas cercanas a mí y mis *coachees,* es que *no podemos ayudar a nadie.* Con esto me refiero a que muchas veces, literalmente cargamos con los problemas de los otros, tratando de resolvérselos. Mi consejo es que, lo mejor que podemos hacer por ellos, es triunfar, ser felices y brillar, para ser inspiración para los demás. A través de nuestros éxitos en diferentes áreas de nuestra vida, podemos pavimentar el camino para ellos.

PRINCIPIO FÉNIX PARA EL ÉXITO #52

No podemos ayudar a nadie. No te desgastes en el camino intentando cargar con los problemas de otros. Lo mejor que puedes hacer por ellos es ser feliz, cumplir tu misión y brillar. Desde esa posición es más fácil impactar positivamente en su vida.

De la misma manera en que nosotros no podemos ayudar a otros, nadie puede ayudarnos si no reconocemos que necesitamos ayuda y la buscamos. Pero que no quepa la menor duda de que nuestra familia y principalmente nuestra pareja, nos ayudará a forjarnos, muchas veces a través de desencuentros. *Tony Robbins,* dice que, nuestra felicidad y éxito, dependerá en gran medida de nuestro(a) compañero(a) de vida. Así que elige bien y -si no lo hiciste- saca el mayor fruto posible de tu maestro(a) de vida.

Mi círculo de poder

El legendario *Rey Arturo*, tenía un círculo de poder integrado por sus más valiosos caballeros. Curiosamente se reunían en un salón, en cuyo centro se ubicaba una gran mesa de roble, circular. Esto ponía al rey/guerrero en la misma posición que sus caballeros. Cuando iniciaba la reunión y se sentaban a la mesa, no había rey, pues todos eran caballeros del mismo nivel. Esto me hace reflexionar, que una de las fortalezas del *Rey Arturo,* era la habilidad de escuchar y pedir consejo, rodeándose de las personas indicadas, quienes eran igual o mejor que él, en alguna u otra área.

El también emblemático *Rey David* (de las historias bíblicas), tenía un grupo que se denominaba *"los valientes de David".* Él también se rodeaba de sabios y guerreros muy preparados que lo asesoraban. En la Biblia también hay otra historia en donde el faraón de Egipto tiene un sueño que lo inquieta y ordena que busquen a alguien que lo interprete, hasta encontrar a *José el soñador;* él en ese entonces se encontraba en la cárcel injustamente, pero con el favor de Dios logra interpretar los sueños del faraón, convirtiéndose en su consejero principal.

La pregunta es: Si reyes, faraones, presidentes y dueños de empresas multimillonarias, buscan rodearse de personas preparadas para que sean sus consejeros y así tomar mejores decisiones, *¿Tú por qué no te rodeas de personas que sean más sabias que tú y se conviertan en tus consejeros?* ¡Wow! Si tomas la decisión de volverte selecto de quienes te rodeas y comienzan a estar presentes las personas correctas, te aseguro que tu vida se transformará radicalmente, ahora por favor escúchalos y pon en práctica sus consejos. Nota: Gánate el derecho de que te atiendan, inclusive algunas veces tendrás que pagar, sus consejos lo valen.

El Arte de ser un Líder Divergente

Uno de los trabajos más extraordinarios que podemos emprender, es el de *convertirnos en líderes*. Se ha hablado mucho de este tema y existe infinidad de definiciones o maneras de explicar el liderazgo. Para mí, un verdadero líder es aquél que, *a través de sus resultados, congruencia, pasión* (algo que jamás puede faltar en un líder es *pasión*) *y entrega a la vida*, inspira a quienes le rodean a convertirse en una mejor versión de sí mismos, motivándolos a que salgan de su *zona de confort*. Una característica importantísima que debe de tener un buen líder es tener clara su *visión*, esto lo convertirá en un *imán humano*, que atraerá a las personas correctas. Por eso, entre más grande sea tu visión y la conviertas en tu misión de vida, será mayor la cantidad y calidad de personas que se unan a tu proyecto.

PRINCIPIO FÉNIX PARA EL ÉXITO #53

Clarifica tu misión y construye una visión de tu camino; esto te convertirá en un imán que atraerá a las personas correctas. Que tus resultados, tu congruencia y tu pasión sirvan de inspiración a otros

Denomino a este tipo de líder: *"transformador-divergente"*, pues tiene la característica especial de transformar positivamente la vida de otras personas y su entorno, dondequiera que va. Es inquieto y cuestiona el estatus quo, cree que las cosas pueden ser mejor. Este líder es retador, siempre que entra en contacto con nosotros, nos impulsa a ser mejores, ya que busca un alto estándar en todas las áreas de su vida y continuamente moviliza sus metas a los más altos niveles. Para mí *Tony Robbins* y *Grand Cardone* son ejemplo claro de ello y en el tiempo que llevo modelándolos, puedo rescatar las siguientes características:

Divergente

En lo personal, me encanta este término. Tengo la bendición de estar rodeado de muchos divergentes: mi padre, mi madre, mi pareja, mis hijos, mis colaboradores y asociados. Mis hijos nacieron con la genética conductual de divergentes, puesto que su padre y ancestros han vivido siendo divergentes. **Un divergente es aquella persona que no está conforme con la manera en cómo se están realizando las cosas.** Cree que hay una mejor forma de hacerlas, es rebelde (con sentido y dirección) y revolucionario por naturaleza. Muchas veces encuentra oposición en su entorno, ya que en general el clan trata de mantener el orden y devora al que se salga del estándar. El divergente tendrá una lucha en solitario, pero si persiste, será el que revolucione al clan.

Visión poderosa

El líder transformador-divergente, es un soñador -generalmente- desde que es un infante. A menudo tiene la mirada perdida, porque aun cuando su cuerpo está presente, su ser está viajando en el futuro, construyendo una visión de una vida mejor, para él y su clan. *"El soñador"* así lo nombran en su entorno. *"Deja de soñar"*, *"sé más práctico"*, *"bájate de tu nube"*, le dicen.

¿Esto te recuerda a algo?

Ambición constructora

No está conforme y quiere más. En su entorno lo tachan de ambicioso, le dicen *"que se conforme"* y *"que agradezca a dios por lo que tiene"*, recordándole que *"algunos tienen menos o nada"* y que *"ya quisieran los demás lo mismo que él tiene"*. Pero la realidad es que, los inconformes y ambiciosos son aquéllos que han mejorado el mundo: Nos han llevado a que viajemos en un auto y no en una carroza jalada por caballos; a que estemos en poco tiempo del otro lado del mundo volando en un avión; a que tengamos energía eléctrica en casa y no un montón de velas que encender y apagar, pudiendo iluminar una habitación con solo tocar un interruptor; a que podamos hacer una video llamada en tiempo real a alguien que se encuentra a horas y horas de distancia... definitivamente, te invito a que ambiciones más y hagas oídos sordos a los detractores.

Alto estándar

Una de las vidas que más me cautivan es la de Steve Jobs, quien se dice que poseía un alto estándar, lo cual lo llevaba a exigir mucho a su equipo de trabajo, a ser muy duro en su trato, volviéndose muchas veces intolerable y difícil de trabajar con él. Siempre que un líder transformador-divergente tenga una visión clara, tendrá un alto estándar. Esto permite la excelencia en la consecución de los objetivos y pudiendo lograr cosas que nadie haya logrado.

Impulsa

A través de su alto estándar, motiva a su equipo a pasar al siguiente nivel, delegando, creando una cultura más que de seguidores, de socios-colaboradores-trasformadores. Todo líder transformador divergente, primero fue un *"Socio triple A"* (seguidor o colaborador de alto rendimiento), que apoyó profundamente en la visión del líder y esto lo facultó para convertirse en un líder capacitado, digno de ser seguido. Al ser parte de una visión, el socio la defenderá a capa y espada, porque alcanza a ver la dimensión de lo que están construyendo. Es aquí donde rescato la sabiduría del *Dr. Stephen Covey,* quien orienta a involucrar a los colaboradores, en la realización del *enunciado de misión.*

Claridad de objetivo

Si hay algo que seduce a una persona para seguir a un líder, es que éste tenga claro su objetivo, aunque no le quede muy claro el cómo lograrlo. La clave está en que avanza con seguridad y determinación hacia el cumplimiento de su visión, aunque para otros es borrosa, para el líder hay claridad, porque él ya la ha vivido y disfrutado, en sus pensamientos: ya la ha sentido y sabe que está más cerca cada día, afianzando su fe, logrando dar pasos en la oscuridad. Esto lo magnetiza para ganarse el favor de las personas, abriéndose puertas y construyendo puentes que no existían sobre los profundos acantilados del desánimo.

Por lo tanto, mi querido líder trasformador divergente, cree en tu visión de vida, conviértela en un objetivo claro y continúa avanzando cada día. Sí, es cierto que al inicio

"Avanza con paso firme al cumplimiento de tus objetivos. Aunque enfrente de ti se encuentre un profundo acantilado, el acantilado del fracaso y la desolación, ten la seguridad que podrás construir un puente"

avanzarás sólo, pero conforme avances se sumarán personas valiosas para apoyarte a que esa visión que Dios puso en tu corazón se convierta en realidad. ¡Cree en ti! Si te apasionas y crees, jamás estarás solo, porque Dios te respalda y te acompaña.

Se atreve, aunque falle

¡Vaya que habrá fracasos en el camino! Pero un líder transformador-divergente, tiene la característica de que se atreve y lo intenta, aunque falle o fracase. Se levanta y continúa avanzando e intentándolo una y otra vez, a pesar de las voces de los detractores. Continúa, continúa una y otra vez, convirtiéndose en un experto en fallar, forjando su carácter a través de sus errores. Muchos de estos líderes, lograrán sus objetivos más por obstinación, que por preparación o inteligencia.

Haz memoria y recuerda algunos de tus éxitos, teniendo cada uno de ellos como común denominador la persistencia, habiendo fracasado más de una vez antes de lograr lo que deseabas. ¡Felicidades! Estás facultado como líder.

Avanza en manada

La importancia de lograr la maestría en el liderazgo y las relaciones, **es porque para convertir tus sueños, tus objetivos y tu visión de vida, requerirás del apoyo de otras personas que simpaticen con tu visión.** Tú podrás enriquecer su vida y a cambio, recibirás la fuerza necesaria al avanzar en manada, como lobos, obteniendo mejores presas de las que pudieras cazar tú sólo. Alcanzar mayores victorias, solo se logra si avanzas en manada.

Dentro de cada uno de nosotros está sembrada la semilla de un líder transformador-divergente. Por lo tanto, **debes de trabajar en que tu liderazgo sea cada vez mejor,** en desarrollar tu fortaleza interior, lo cual se manifestará en acciones diarias que transformarán tu vida y la de muchas personas, adelante líder prosigue en tu camino, con tu manada.

PRINCIPIO FÉNIX PARA EL ÉXITO #54

Para alcanzar mayores victorias, avanza en manada. Si ahora estás sólo ¡Encuentra personas valiosas que apoyen tu visión!

Definitivamente debemos de aprovechar toda interacción, para crecer como personas, ya que cada una de ellas nos otorgará *experiencias valiosas,* indicándonos en qué áreas tenemos que comenzar a trabajar o las aristas que debemos pulir para ser mejores líderes.

La última frontera

Al final de la jornada el objetivo de todo líder es el de forjar otros líderes. Esta tarea, definitivamente no será sencilla, pero valdrá la alegría, ya que será uno de los legados que entregues a la vida. En lo personal, he aprendido que *"el sendero del maestro",* muchas veces es solitario, encontrando en el camino decepciones y frustraciones debido al tiempo perdido en piedras que aparentaban ser preciosas, pero al estar trabajando en ellas se desmoronaron, pues no soportaron el proceso de la excelencia. Sin embargo, continuar avanzando por el sendero te facultará para encontrar piedras preciosas dignas de pulir y trabajar en ellas, estos serán los discípulos que posteriormente tomarán la batuta.

Cuando una persona decide seguir a un líder, por su visión, deberá de hacer un compromiso, el cual es una obligación contraída. No será un trato forzado, sino por voluntad propia, a sabiendas de los beneficios que recibirá como seguidor. *La labor del liderazgo es promover una llamada a la acción, hacia las personas que sí están comprometidas por una vida mejor y en excelencia.*

Según la pirámide de *Maslow,* el ser humano va creciendo conforme vaya cubriendo sus necesidades: fisiológicas, de seguridad, sociales, de auto valía y finalmente, de autorrealización. El verdadero líder transformador, es un soñador, un idealista, pero acude a la acción, pues está obsesionado por auto realizarse a través de cumplir su misión, siendo esta misión la de ayudar otros a auto realizarse.

Un líder transformador-divergente está convencido de que, lo que hoy es un sueño lejano o sólo una visión, mañana será una maravillosa realidad. Esa claridad de objetivo, en conjunto con su pasión, atraerá a las personas indicadas que se sumarán a su misión. La historia abunda de ejemplos: *Jesús, Siddhartha, Gandhi, la Madre Teresa, Martin Luther King...* la lista es interminable, ¡sólo falta agregar tu nombre!

"Hay personas que están dispuestas a matar, para comer, por dinero, por una posesión y en casos extremos, por seguir viviendo cuando su vida corre peligro. Pero un líder transformador-divergente está dispuesto a morir por sus ideales"

Cuando descubras tu misión en la vida, se encenderá dentro de ti una llama que jamás se apagará, activando tu pasión. Tu sangre hervirá corriendo por tus venas *a todo vapor* y te convertirás en una maquina imparable, capaz de conquistar todo lo que te propongas.

El destino final

La tan anhelada, deseada y buscada felicidad, la encontrarás al darle un verdadero significado a tu vida. Cuando ésta tenga dirección, tengas claridad de hacia dónde ir y descubras que **todos los avances que logres día con día te llevarán más cerca de la meta,** comenzarás a sentir una dicha extrema. Cuando progresamos, nos sentimos felices. Cuando nos estancamos, nos sentimos insatisfechos e inquietos. Podrás encontrar la tan deseada felicidad, al avanzar todos los días en dirección al cumplimiento de tu poderosa visión, que hoy tal vez se torne borrosa, pero cuando te decidas a dar el primer pasó y conforme avances hacia ella, será cada vez más nítida. Sólo sigue la voz de tu corazón y cree en ti, ¿qué tal y si sí?, ¿por qué no?, ¡vamos a intentarlo mi querido conquistador de sueños!, ¡atrévete y despierta la grandeza que hay dentro de ti!

DECRETO

*YO SOY un líder transformador-divergente.
Ahora entiendo por qué mi corazón latía
fuertemente cuando algo no se ajustaba a mis
estándares: YO MEREZCO MÁS, YO PUEDO
MÁS. Agradezco lo que tengo hoy, mientras
permanezco mirando expectante al horizonte,
escucho cómo mi corazón me dice: ¡aún hay
más!*

*Despierto y activo a ese líder que está dentro de
mí, para conquistar la visión que, desde hace
tiempo,
me tiene cautivado.*

*Me esforzaré todos los días para forjar mi
carácter, aprovechando toda interacción con
otras personas para crecer, teniendo la humildad
de aprender de ellas, entendiendo que con eso
estaré afilando mi espada, forjando mi carácter.*

*Ahora sé que mi misión es ser cada día mejor,
para inspirar a otras personas, a que se atrevan
a ir por sus sueños y que en conjunto
construyamos*

Capítulo 9
La Escalera del Éxito

"Un paso dado en la dirección correcta, por muy insignificante que sea, siempre te moverá de donde estás y te acercará a tu destino ¡Avanza con determinación!"

El maestro albañil se encontraba atareado, apilando un tabique sobre otro, colocando entre cada uno de ellos una mezcla rica y abundante de mortero, que los fijaría por centurias. Los transeúntes que pasaban por ahí, no alcanzaban a distinguir la magnitud de la construcción, de la majestuosa edificación en la que estaban trabajando. El maestro albañil se sentía orgulloso de su trabajo; sabía que estaba erigiendo, en conjunto con otros artesanos, una obra de arte de la arquitectura. Ponía todo su esmero a tal misión. Cada vez que detenía su trabajo para descansar, observaba el avance y visualizaba con alegría la obra terminada. Imaginaba que ya habían pasado los años y que inclusive él ya no existía en este plano material. Soñaba despierto imaginando que alguien de su descendencia, pasaría por ahí, acompañado de otra persona y que con orgullo presumiría que uno de sus ancestros fue parte de tan magnífica obra. Regresando al trabajo solo pensaba: *"Un ladrillo a la vez... sí, sólo un ladrillo a la vez"*. Así continuó alegremente con su tarea.

Una gran catedral, un gran castillo o toda gran obra, no se construye de un día para otro. Cualquier emprendimiento importante, va a requerir planeación, recursos humanos y materiales, un programa de actividades diarias, semanales y mensuales, pero al concluir, la tarea nos dará como resultado una obra maestra. Un ejemplo de ello es la gran muralla china, que en su mejor momento llegó a tener una longitud de más de 6,000 kilómetros, salvaguardando durante siglos a la gran nación china, contra las hordas salvajes que intentaban una y otra vez conquistarla. Fue edificada hace más de 2000 años y su construcción, duró más de 200 años. Los que iniciaron la construcción no alcanzaron a verla terminada, pero nos heredaron su legado, que continua hasta la actualidad.

Todo inició con la colocación de un ladrillo, luego otro, continuando de esa manera hasta ser terminada, hasta convertirse en lo que hoy llamamos una de las maravillas del mundo. Toda gran obra, al igual que la magnífica muralla china, inicia con una *"humilde"* acción. Por eso muchas personas subestiman lo valiosas que son las pequeñas acciones, el día a día, estar colocando un ladrillo a la vez, el poder de los hábitos. La causa de eso, es falta de visión. Para un albañil, estar cavando en un lugar será solo cuestión de hacer una zanja, pero para otro, cuya visión es más amplia, su trabajo es parte de una magnífica obra.

PRINCIPIO FÉNIX PARA EL ÉXITO #55

No subestimes tus acciones diarias, toma en cuenta el poder de los hábitos. Toda gran obra, inicia con una "humilde" acción. ¡Continúa trabajando todos los días hasta que termines tu majestuosa edificación!

Al igual que un maestro constructor, que, en conjunto con su equipo de edificadores, crean majestuosas obras, es tiempo de crear tu obra de arte: tu catedral, tu capilla Sixtina. Entonces mi querido Miguel Ángel, ¡manos a la obra!

El éxito es una ciencia exacta, algo así como preparar un platillo: para cocinarlo y que quede delicioso, se requerirán ciertos ingredientes y utensilios. Si quien va a cocinarlo tiene la receta, consigue los elementos que se necesitan y sigue fielmente las instrucciones, obtendrá como consecuencia y sin duda alguna, el resultado deseado; entonces, podrá saborear las delicias de su creación. De la misma manera, el éxito tiene una receta y si se desean disfrutar sus frutos, tienes que seguir al pie de la letra las indicaciones.

Tengo muchos años que me inicié en el mundo del desarrollo personal. Todavía tengo muy presente cuando escuché por primera vez al maestro *Héctor Tassinari y los hermanos Zavala*, de la organización *"Tú puedes ser el mejor"*, a la cual pertenecían mi padre y mi madre. En aquél entonces, yo tenía alrededor de 7 años y recuerdo que asistían a grandes eventos motivacionales, en donde a los asistentes les sembraban la semilla de que ellos podían ser la mejor versión de sí mismos, lograr más y vivir en plenitud. Ese mensaje quedó depositado en mi corazón y a partir entonces inicié un viaje en ese maravilloso universo.

He tenido la fortuna de seguir una gran y amplia gama de maestros: mis padres, los líderes de *"Tú puedes ser el mejor"*, Alex Vega, Alex Dey, Tony Robbins, Enric Corbera, Carlos Cuauhtémoc Sánchez… la lista sería interminable. A partir de eso mi obsesión ha sido la de *"Ayudar a despertar y potencializar las capacidades ilimitadas de las personas, para que logren sus objetivos y vivan en plenitud"*. Desde entonces, he leído cientos de libros, asistido a una gran cantidad de cursos y certificaciones, para poder ayudarte y ayudar a otros, eficazmente. Así es como he notado, que cada uno de estos mentores, coinciden en la receta del éxito y la plenitud, mi tarea ahora es pasarte la estafeta.

"Gracias amados maestros, gracias, bendigo sus vidas y su misión en esta vida, continúen sin desfallecer"

¡Wow! ¡Lo mejor está por venir! Estoy plenamente seguro de que en tu corazón hay una gran cantidad de sueños y anhelos, amado amigo, amada amiga, ¡es tiempo de desempolvarlos! Querido lector *Conquistador de Sueños*, la frontera final, es tu felicidad; tendrás que levantarte de donde estás, iniciar el viaje hacia la realización de tus sueños y en el proceso, impactar positivamente en la vida de miles de personas.

Recuerda que *lo más valioso que tienes, es tu tiempo*. Ya que el tiempo es limitado y no se puede recuperar, el tiempo es vida y te conviene emprender solo cosas importantes, de gran valía y significado para ti.

En este capítulo te voy a compartir estrategias puntuales de coaching, para apoyarte a *clarificar un objetivo*, con el cual vamos a trabajar para **crear un proceso**, *clarificar los pasos a seguir* y una de las cosas más importantes: **definir qué acciones debes de realizar en tu día a día** para que eso que tanto deseas se convierta realidad. ¡Iniciamos!

PRINCIPIO FÉNIX PARA EL ÉXITO #56

El éxito es una ciencia exacta, como preparar un platillo: para cocinarlo y que quede delicioso, se requerirán ciertos ingredientes y utensilios. Si quien va a cocinarlo tiene la receta, consigue los elementos que se necesitan y si sigue fielmente las instrucciones, obtendrá el resultado deseado. Una vez que clarifiques tu objetivo, crea un proceso con las acciones específicas a realizar cada día y acompáñalo con un mentor que te guíe en la realización de tu receta.

La madre del fracaso

Hay una causa, que es la madre de todos nuestros fracasos: **elegir erróneamente** lo que vamos emprender. Aplica para todas las áreas de nuestra vida: salud, trabajo relación de pareja, hobbies, etc. Cuando uno elige erróneamente, el resultado -en la mayoría de los casos- no será deseado: porque

"El éxito es lograr materializar y disfrutar tus sueños"

no te va a proporcionar la cantidad necesaria de energía y emoción para triunfar, la cual requerimos para lograr lo que queremos. Por eso insisto, en que debes de emprender, solo lo que te emocione grandemente, lo que cambiará tu vida espectacularmente.

¡Wow!, ahora vamos a trabajar en clarificar un poderoso objetivo, con las estrategias y técnicas de Coaching y PNL (Programación Neuro lingüística).

Paso #1

Motiva-Acción. Se refiere a aprender por qué actuamos como actuamos, cuáles son los factores internos y externos que nos ayudan a salir de nuestra zona de confort, para impulsarnos a actuar y lograr todo lo que deseamos. Las personas se levantarán de donde están y saldrán de su zona de confort, únicamente cuando lo que se proponen lograr, tenga un gran *significado* que les genere la motivación y la energía requerida para tomar acción. Yo lo denomino: *"Motiva-Acción"*, el motivo para tomar acción masiva, apasionadamente.

PRINCIPIO FÉNIX PARA EL ÉXITO #57
¿Por qué motivo quieres conseguir lo que deseas?
Define si tus objetivos te motivan y brindan la energía
requerida para tomar acción. Encuentra la manera
de resignificarlos si no tienen un significado poderoso
o cambia a objetivos que realmente te motiven
a tomar acción masiva.

Hay dos tipos de motivaciones: *intrínseca* (interna) y *extrínseca* (externa). Esto tiene que ver con impulsos generados dentro de ti o externamente. Los más poderosos son los internos. El ser humano tiene 6 grandes necesidades internas, las cuales se convierten en poderosos detonadores de la acción, cuando son canalizados adecuadamente.

Estas necesidades son:

Seguridad

Las personas, por naturaleza, buscan tener certeza en su vida, tener entornos seguros: dinero, relaciones, salud, etc. El problema radica en que, cuando una persona está muy conectada con esta necesidad, avanza con precaución -de más- en la vida. Lo piensa mucho antes de iniciar una relación, un emprendimiento o cualquier cosa que implique riesgo. **En todo lo que deseas lograr, hay cierto grado de incertidumbre; en primera instancia, tendrás que salir de tu zona de confort.** Por su naturaleza, en las mujeres una de las necesidades más recurrente, es la de sentir seguridad.

Variedad

Deseamos experimentar, avanzar, lograr cosas nuevas, viajar, descubrir y conquistar. Nuestra naturaleza nos impulsa a vivir cosas nuevas. Al poco tiempo de que logramos algo, empezamos a sentir una necesidad dentro de nosotros, de ir por algo más. El problema radica en que, cuando estamos deseando cosas nuevas constantemente, estar en busca *"de más"*, puede hacer que estemos tan enfocados en lo que sigue, que no disfrutemos del momento presente. **Debemos buscar un punto intermedio, entre no conformarnos con lo que tenemos e ir en busca de nuevos objetivos.** Por su naturaleza, el hombre está regularmente en busca de más experiencias, que generen variedad en su vida.

Amor

También definido como *"conexión"*. Una de las necesidades más valiosas, es la de estar conectados a algo o a alguien y experimentar amor de parte de otras personas. Esta necesidad es tan fuerte y está tan arraigada en nosotros, que existen estudios de cómo hay bebes que mueren porque su madre los rechaza y no les da el calor humano que requieren. En tu camino hacia el éxito, debes tomar en cuenta la **necesidad de rodearte de personas que te suman,** que te sirvan de apoyo y con las cuales puedas conectar, a fin de lograr lo que deseas. Todos deseamos llegar a la cima de nuestro Everest, pero conquistarlo sin tener con quien celebrar, hace que se pierda todo sentido de dicho éxito.

Significado

Esta necesidad, bien canalizada, puede convertirse en un catalizador, al **descubrir las cosas que tienen gran relevancia para ti,** de manera que puedas utilizarlas como palancas para impulsarte. Estas pueden ser tan amplias, como el dinero, la salud, un auto, tus hijos, tu pareja, etc. También las necesidades no cubiertas en tu niñez pueden ser algo que te detengan, debido a su gran relevancia a nivel emocional, por lo que tendrás que darles un nuevo significado para que te impulsen; recuerdo la charla de una gran oradora, que platicaba que, cuando era niña tartamudeaba y los niños de la escuela se burlaban de ella... pasó el tiempo y ella utilizó esa vivencia con gran carga emocional para impulsarla. Actualmente es una gran conferencista de talla internacional.

Crecimiento

El crecimiento se logra gracias a la interacción con otras personas, por lo que, apartarnos de los demás no nos llevara a la plenitud, pues **dentro de nosotros hay un inconforme que desea estar en evolución continuamente.** Además de nuestras relaciones, buscar prepararnos continuamente, así como tener experiencias de las cuales aprender y disfrutar, nos hará experimentar una vida con sentido. Aún las personas que no buscan con regularidad su crecimiento, sienten una incomodidad dentro de ellos, debido a su estancamiento, aunque no lo externen. **Crecer es una parte esencial del ser humano.**

Trascendencia

La más profunda necesidad del ser humano. Conforme vamos cubriendo nuestras necesidades más básicas, podemos mirar hacia el horizonte y comprenderemos que estamos de paso. En ese preciso momento iniciaremos la búsqueda de dejar un legado para nuestra descendencia, para la humanidad. Cada uno de nosotros estamos en diferentes momentos en la vida. Lo que te mueve el día de hoy a ti es totalmente diferente a lo que motiva a otra persona. Inclusive lo que te impulsa hoy, mañana será diferente. Finalmente, cada uno de nosotros estaremos buscando cómo cubrir la necesidad predominante en cada etapa de nuestro desarrollo. Dedica tiempo para reflexionar y descubrir:

¿Qué necesidades -de las que mencioné- requieres cubrir urgentemente en este momento?, ¿por qué motivo?

_____

_____

_____

Pero aún más importante es responder:

¿Cómo la puedes cubrir? [Procura pensar en una manera sana y enriquecedora para ti y los que te rodean].

_____

_____

_____

Al identificar tus necesidades, puedes apalancarte de las emociones positivas que te genera el solo hecho de imaginar cómo sería tu vida al cubrirlas. **El ser humano busca por naturaleza alejarse de todo lo que le genere dolor y acercarse a lo que le da placer.** Imagina todas las cosas buenas que pasarían en tu vida al lograr tus objetivos, *¿cómo podrías tener una vida más plena y con sentido?* Pero también imagina el dolor emocional -y tal vez físico- al no tener la motivación, el enfoque y las acciones requeridas para disfrutar -tú y tus seres amados- lo que tanto deseas. Por lo tanto, mi amado *Conquistador de Sueños*, ¡ánimo!, ¡atrévete a lograr todas tus metas!

PRINCIPIO FÉNIX PARA EL ÉXITO #58

Detecta si el cumplimiento de tu objetivo, te ayuda a cubrir eficazmente tus necesidades más urgentes o ajusta tu objetivo al cumplimiento de tus necesidades actuales para posteriormente tener la energía de ir por algo más grande.

Claridad es poder

Paso #2
Definir claramente lo que deseas. **La claridad de propósito es uno de los elementos más importantes que puedes tener en pro del cumplimiento de tus sueños.** Para ello es importante que dediques tiempo para la reflexión.

Una de las creencias más erróneas respecto al éxito y la prosperidad es creer que *"tienes que trabajar mucho para lograr lo que deseas"*. En la práctica observamos, que muchas personas que trabajan de sol a sol, no necesariamente tienen una vida espectacular. En su contraparte, vemos que personas muy exitosas, tienen mucho tiempo para sus actividades predilectas, como: estar con su familia, estudiar, sus pasatiempos, viajar, etc. Por eso creo firmemente que todo paso dado en la dirección correcta, siempre te aportará progreso y prosperidad.

Te pregunto:
¿Qué es aquello que desde hace un buen tiempo deseas y hace vibrar tu corazón? Escribe tu respuesta.

_____

_____

_____

¿Qué necesidades cubriría el cumplimiento del deseo que hace vibrar tu corazón?, ¿cubriría tus necesidades urgentes?

_____

_____

_____

Si tuvieras todos los recursos necesarios para lograr cualquier cosa que te propusieras, ¿qué te atreverías a emprender?

_____

_____

_____

Te recuerdo que para lograr tus objetivos es muy importante que te enfoques en lo que para ti tiene más relevancia en este momento. Sé que no es sencillo, que hay muchas cosas que desearías lograr, pero **te recomiendo que iniciemos con un objetivo, uno que sea transformador, algo que si lograras tu vida cambiaría radicalmente.** Hay dos tipos de objetivos: objetivos causa y objetivos efecto. Esto se refiere a que, por ejemplo, si deseas comprar una casa (objetivo efecto), primero tendrías que aumentar tus ingresos e iniciar un ahorro (objetivos causa). Durante muchos años cometí el error de planificar objetivos efecto. Ahora me hago una pregunta al momento de planificar mis objetivos: *¿Qué tiene que suceder antes para lograr tener esto o aquello?*

¿Qué es lo que, si lograras, tu vida cambiaría positiva y radicalmente?

_____

_____

_____

Ahora vamos a pulir tu objetivo. Tiene que ser algo **claro, especifico**, con una **posible fecha** de culminación, que sea **retador, que te motive** de solo pensar que ya lo lograste, **alcanzable** (se refiere a que si deseas un auto y actualmente andas a pie no es lo mismo desear un *Ferrari* a un auto del año, compacto; sé que algún día podrás tener un *Ferrari,* pero te sugiero que inicies con algo que sea más sencillo y fácil de alcanzar) y, por último, que tenga un **gran significado** para ti, es decir, que sea relevante. Esto es muy importante, ya que, si deseas lograr algo, este objetivo te debe de dar la inspiración, motivación y energía suficiente para continuar avanzando a pesar de los retos que definitivamente encontraras en el camino.

La posible fecha del cumplimiento de tu objetivo, es para que pongas toda tu entrega y pasión para lograrlo, pero si por alguna razón no culmina en la fecha que estableciste, no te frustres, muchas metas que me he propuesto no lo he logrado en la fecha que establecí, pero si es importante que pongas una fecha, pues, además de retarte, será un momento clave para realizar una evaluación y asesorarte con tu mentor para ver qué cambios o mejoras tienes que realizar para alcanzarlo en tiempo récord.

PRINCIPIO FÉNIX PARA EL ÉXITO #59

¡Claridad es poder!
Ten un objetivo claro, específico, con una posible fecha, que sea retador, que te motive con solo pensar que ya lo lograste y que tenga gran significado para ti.

Ejemplo: Mi pareja y yo queremos ir de viaje a Europa por 21 días, en agosto del próximo año, visitando Madrid, Barcelona, Londres, París, Roma, Venecia y Berlín. El viaje nos va a costar 10,000 dólares y estamos muy emocionados porque nos encanta viajar. Si por algún motivo no hubiésemos reunido la cantidad exacta el mes de agosto, sería el momento ideal para calcular cómo reunir en tiempo récord lo que nos falta y programar el viaje. Esto nos haría permanecer entusiasmados.

Anota tu objetivo con las características antes mencionadas.

_____

_____

_____

El éxito deja huella

Paso #3

Modelar. Se trata de un término usado con frecuencia en *PNL*. Modelar el éxito de otros, es identificar a personas que ya lograron lo que tu deseas, que ya tienen el fruto colgando del árbol. **Tu trabajo después de elegir a las personas a imitar, será estudiarlas e identificar qué hicieron ellos para tener el éxito que disfrutan.** Yo tengo varios modelos a seguir en diferentes áreas: Tony Robbins, en el área de coach de desarrollo personal; Paulo Coello y Carlos Cuauhtémoc Sánchez en el área literaria, Eric Worre y Randy Gage en el área de Network Marketing, por citar sólo algunos ejemplos.

Cuando establezco un nuevo objetivo en mi vida, una de las primeras cosas que hago es buscar un modelo a seguir. Me sirve de inspiración, lo estudio, imprimo una imagen de él y lo pongo en un lugar donde lo esté viendo con regularidad, además de decirme a diario lo siguiente: *¡Si él pudo, yo puedo!* También cuando tengo un reto referente al área en donde dicha persona es mi modelo a seguir, hago la siguiente pregunta: *¿qué haría este personaje ante este reto?*

PRINCIPIO FÉNIX PARA EL ÉXITO #60

Modela el éxito de otros: identifica personas que ya tienen el fruto en el árbol (del objetivo que tú deseas lograr), estúdialas e identifica qué hicieron ellos para tener el éxito del que disfrutan.

Identifica un par de personas que ya lograron lo que tu tanto

deseas y anota sus nombres.

1._____

2._____

Ahora tienes que dedicar tiempo para estudiarlos, analizarlos y aprender sus estrategias de éxito.

Paso #4

"El atajo para el éxito". Todos deseamos llegar más rápido, lograr lo que tanto deseamos lo más pronto posible, tener un atajo. La buena noticia es que, ¡sí existe! Este atajo es: **tener un mentor.** Se trata de una persona que, al igual que los modelos a seguir, ya tiene el fruto en el árbol, sólo que **un mentor es alguien a quien puedes acceder,** para que te asesore y puedas hacerle las preguntas pertinentes, respecto a los retos que tendrás en el camino. Este, te va a guiar en base a su experiencia y conocimientos, **la clave es cometer la menor cantidad de errores en el camino,** te recuerdo que una decisión mal tomada te puede costar mucho tiempo, dinero y malos momentos; estos, te los puedes ahorrar teniendo un mentor. Por eso su importancia. Todos hemos tenido un momento en nuestra vida en la cual, si hubiera habido un mentor que nos ayudara a tomar una mejor decisión, nuestra vida fuera mejor.

Importante: Tendrás que ganarte el derecho a que te de consejería. Algunas veces por simpatía, te compartirá sus secretos del éxito; otras veces tendrás que pagar de alguna u otra manera, sin importar cuál sea el pago (dinero, trabajar gratis para él, invitarle el desayuno en un restaurante caro, hacerle algún regalo), te conviene hacer lo necesario para tener un buen mentor.

Muchas personas creen que un coach es lo mismo que un mentor, la respuesta es que no. **Un coach, es una persona que ha aprendido metodologías y procesos de éxito, aplicables a cualquier persona y a cualquier cosa que**

deseas lograr. Este, te ayuda a clarificar tus objetivos, crear un plan de acción y acompañarte en el camino. Un coach no necesariamente ya logró lo que deseas, pero puede ser un apoyo.

Un mentor como ya lo comentamos, está viviendo lo que tú deseas lograr, pero **muchas veces no tiene claro cuál ha sido su proceso, pues su éxito fue empírico** y algunas veces asesorado por otro mentor. **Lo ideal sería tener un mentor que ya tiene un A, B, C, D, un proceso claro y duplicable.** Cuando doy una sesión de coaching, una de las recomendaciones que hago a mis coachees es que busquen estar bajo el cobijo de un mentor. Uno de mis mentores en mi juventud fue *Alejandro Vega,* un empresario muy exitoso en el área de las telecomunicaciones. Recuerdo que me dio muchos consejos muy valiosos y gracias a la proximidad que tenía con él aprendí elementos clave para el éxito.

PRINCIPIO FÉNIX PARA EL ÉXITO #61

Paga el precio de tener un mentor con una metodología "A, B, C, D" en el proceso del éxito.
La proximidad es el atajo para tu éxito.

Ahora la tarea es buscar un mentor, preferentemente con una metodología clara y duplicable.

¿Quién ya logró lo que deseas, que puedas tener acceso a él/ella para que sea tu mentor(a)? Anota su nombre.

> **"Cualquier sufrimiento que puedas tener por lograr lo que deseas, jamás se comparará con el dolor de no vivir tus sueños"**

PRINCIPIO FÉNIX PARA EL ÉXITO #62

¡Apaláncate del dolor y del placer al momento de ir en busca de tu objetivo!
Del dolor de no lograrlo y del placer de saber cómo sería tu vida y la vida de tus seres amados si lo logras.

Paso #5

Tu caja de herramientas. - ¡Joel!, ¿Puedes arreglar un problema que hay en el baño, por favor? - de no muy buena gana (porque no soy plomero) contesto: - ¡Sí, claro! Yo me encargo-. Me levanto, voy al patio trasero de la casa y tomo mi caja de herramientas, llego al baño, checo la situación, abro mi gran caja repleta de artilugios, busco la herramienta indicada y en un dos por tres queda solucionado el problema (creo que no soy tan mal plomero).

Cuando tenemos un reto en la vida, para poder resolverlo de manera rápida y eficaz, **tendremos que contar** con las herramientas o recursos concernientes a la situación. Entre más amplia sea la gama, podremos resolverlo de forma más sencilla. Al querer *clavar un clavo* en una pared: no será tan fácil si lo intentamos hacer con un zapato o una piedra. En cambio, si tenemos un martillo o una pistola neumática, será más fácil.

Muchas personas tienen una caja de herramientas muy pequeña y van por la vida intentando *"arreglarlo"* todo con una piedra o un martillo –metafóricamente hablando- por lo que, al momento de enfrentarse a un reto, se les complica mucho resolverlo –aunque no sea un gran problema- o intentan resolverlo con una herramienta que -tal vez- les funcionó en algún otro momento u otra situación, pero que ahora no es tan oportuna. Simplemente tratan de resolver todos sus problemas con la misma herramienta, lo cual –obviamente- no es muy efectivo en la vida. La buena noticia es que, aunque tengas una caja de herramientas muy pequeña, siempre tienes la posibilidad de ampliarla. En desarrollo humano y coaching lo dividimos en *recursos internos* y *recursos externos*.

Los *recursos internos* de una persona son sus hábitos, habilidades y conocimientos. Algunos de ellos son: Aceptación del cambio, amor, escucha empática, asertividad, autocontrol, conocimientos específicos, habilidades específicas, autoestima, bondad, buena administración de recursos, capacidad de aprender, ser trabajador, carisma y sociabilidad, sentido de compromiso, creatividad, empatía, entusiasmo, fe, generosidad, honestidad, imparcialidad, ingenio, liderazgo, motivación, perseverancia, proactividad, sentido del humor, templanza, tenacidad, tolerancia y valentía. **Conforme desarrollas y practicas todos estos recursos, aumentan y mejoran,** enriqueciendo tu caja para la hora de enfrentar alguna contingencia y en general, para enfrentar la vida.

Por otro lado, tenemos los *recursos externos* de una persona. Éstos son recursos humanos o materiales con los que ya cuenta un individuo o que simplemente están a su alcance.

Algunos ejemplos de éstos pueden ser: dinero, equipo de trabajo, una casa, oficina, maquinaria, empleados o servidumbre, servicios profesionales que pudiera contratar y relaciones personales. En general, los recursos externos tienen la característica de que **se van deteriorando o gastando con su uso,** por lo que es importante tener una vasta cantidad de herramientas en tus *recursos internos,* para que sea posible cuidar y **dar mantenimiento** a los *recursos externos.* Ahora que tienes claro lo referente a tu caja de herramientas, las preguntas serían:

¿Qué recursos internos requieres tener o desarrollar para lograr lo que deseas?

_____

_____

¿Qué recursos externos necesitas para lograr tu objetivo?

_____

_____

¡Felicidades! Cada vez estás más preparado para emprender el camino rumbo al éxito, al contar con las piezas necesarias para armar tu rompecabezas.

PRINCIPIO FÉNIX PARA EL ÉXITO #63

Identifica tus recursos internos y externos, para que sea más fácil lograr tu objetivo. En caso de darte cuenta de que no cuentas con los recursos suficientes para lograrlo, amplía tu "caja de herramientas".

> *Recuerda:* **Tener claro el camino, te ayuda a avanzar más firme y rápidamente.**

Tu día a día

La mayoría de las personas, cuando emprenden algo, están llenas de buenas intenciones, pero esto no es suficiente. La mayoría toma *acción sin dirección* y aquí te voy a compartir una de las mayores claves del éxito. Esta es la parte medular de este capítulo.

> **"Al clarificar tu objetivo transformador, tendrás que identificar qué acciones, en cadena, culminarán con el cumplimiento de tus sueños"**

Partiendo de que ya tienes claro lo que deseas, es tiempo de que dediques un momento para reflexionar respecto a las pequeñas acciones que llamaremos *"Los ladrillos de tu castillo"*. Por ejemplo: deseas bajar de peso y tener un cuerpo atlético, lo cual es un gran objetivo, ya que te llevará a tener más salud y la posibilidad de una mayor esperanza de vida; un tiempo tuve sobrepeso. Todo cambió cuando un día pasé frente a un aparador de ropa para caballeros, vi un maniquí con ropa juvenil del tipo *"Slim-fit"* (ropa para personas delgadas y atléticas), lo señalé y me dije: algún día me podré poner una camisa así y me quedará como al maniquí.

Uno de mis mentores dice: ***"Nuestro nivel de vida y nuestros logros van a estar estrechamente conectados a nuestro nivel de tolerancia"***. Desde el momento en que vi aquél aparador y pensé en que jamás me podría poner una prenda de ropa así, si no me disponía a bajar de peso, ya no toleré el sobrepeso y **elevé mi estándar.**

"El día que eleves tu estándar y dejes de tolerar la mediocridad y la carencia, tu vida se revolucionará y pasarás al siguiente nivel de prosperidad y amor"

Poco tiempo después, busqué asesoría, en el área nutricional y de acondicionamiento físico (mentoría) y el resultado no tardó en manifestarse. Volteando hacia atrás, puedo decirte que fue más sencillo de lo que pensé que sería en un inicio.

Todos los días dedicaba un 4% (una hora) de mi día a hacer ejercicio y seguir -al pie de la letra- los consejos de alimentación que me fueron dados por un profesional en nutrición. Pueden buscar fotos mías del antes y después en Instagram (@psicjoelmartinez) y te sorprenderán.

La escalera rumbo al éxito

El éxito, como ya he dicho, es un proceso. La única manera de ir más rápido, es clarificar el camino en conjunto con un mentor: cuál sería el paso A, B, C, etc. Al momento de subir una escalera, escalamos un peldaño a la vez, de manera que debemos de identificar cada uno de los pasos en la escalera del éxito, dividiendo tu objetivo en metas. Un ejemplo con respecto a *"escribir un libro"* sería:

Mi escalera de éxito

Objetivo trasformador: Escribir mi primer libro.

Mi mentor es: Paola

Peldaño 1

Acciones a realizar: Se define el tema del libro, contenido y cantidad de capítulos.

Tiempo requerido: Una hora por día, durante una semana.

Recursos requeridos: Asesoría de mentores, equipo de cómputo.

Peldaño 2

Acciones a realizar: Escribir mi primer borrador.

Tiempo requerido: 45 minutos al día, durante 4 meses.

Recursos requeridos: Computadora y asesoría para el proceso.

Peldaño 3

Acciones a realizar: Terminar el primer borrador y revisar con coach literaria.

Tiempo requerido: Una hora por día, durante una semana.

Recursos requeridos: Coach literaria.

Peldaño 4

Acciones a realizar: Corregir texto según los comentarios del coach literario.

Tiempo requerido: 45 minutos al día, durante 15 días.

Recursos requeridos: Computadora.

Peldaño 5

Acciones a realizar: Segunda revisión del texto por parte del coach literario

Tiempo requerido: 45 minutos al día, durante 15 días

Recursos requeridos: Computadora.

Peldaño 6

Acciones a realizar: Se manda el borrador a un editor, para los puntos finales de la redacción.

Tiempo requerido: Una semana.

Recursos requeridos: Editor literario.

Peldaño 7

Acciones a realizar: Registrar libro para tener los derechos de autor.

Tiempo requerido: Un día.

Recursos requeridos: Formatos y acudir a la dependencia indicada.

Peldaño 8

Acciones a realizar: Se realiza el diseño de la portada y el maquetado. Se imprime el libro.

Tiempo requerido: 15 días.

Recursos requeridos: Diseñador e imprenta editorial.

Peldaño 9

Acciones a realizar: campaña de promoción y canales de distribución.

Tiempo requerido: 15 días.

Recursos requeridos: Crear página web, campaña de publicidad en Facebook y tener un agente promotor.

Peldaño 10

Acciones a realizar: Presentación del libro.

Tiempo requerido: 1 día.

Recursos requeridos: Definir fecha, lugar y logística, equipo coordinador de la actividad.

La clave es identificar las acciones que, en cadena, te llevarán al resultado final. Se trata de definir los actos que, en serie, culminarán con el cumplimiento de tu objetivo. Ahora, es tiempo de que plasmes las actividades que te permitirán cumplir tu objetivo.

Es de suma importancia que identifiques que recurso interno requieres (tener, fortalecer o activar) para tomar acción masiva, por ejemplo, seguridad, disciplina, proactividad, muchas personas tiene prácticamente toda para triunfar, solo necesitan activar su *recurso detonador*.

Una pregunta que te conviene estar haciendo al momento de crear tu escalera de éxito es: *¿qué tiene que suceder para lograr el siguiente paso?*

Ahora te invito a hacer el ejercicio de **la escalera del éxito** con un **objetivo transformador**.

Tu escalera de éxito

Objetivo trasformador:

_____

_____

_____

Mi mentor es:

_____

_____

_____

Peldaño 1

Acciones a realizar:

_____

_____

Tiempo requerido:

_____

_____

Recursos requeridos:

_____

_____

Peldaño 2

Acciones a realizar:

_____

_____

Tiempo requerido:

_____

_____

Recursos requeridos:

_____

_____

Peldaño 3

Acciones a realizar:

_____

Tiempo requerido:

_____

_____

Recursos requeridos:

_____

_____

Peldaño 4

Acciones a realizar:

_____

_____

Tiempo requerido:

_____

_____

Recursos requeridos:

_____

_____

Peldaño 5

Acciones a realizar:

_____

_____

Tiempo requerido:

_____

_____

Peldaño 6

Acciones a realizar:

_____

_____

Tiempo requerido:

_____

_____

Recursos requeridos:

_____

_____

Peldaño 7

Acciones a realizar:

_____

_____

Tiempo requerido:

_____

_____

Recursos requeridos:

_____

_____

Peldaño 8

Acciones a realizar:

_____

_____

Tiempo requerido:

_____

_____

Recursos requeridos:

_____

Peldaño 9

Acciones a realizar:

Tiempo requerido:

Recursos requeridos:

Peldaño 10

Acciones a realizar:

Tiempo requerido:

Recursos requeridos:

_____

_____

> ## "Un paso a la vez, sólo uno y finalmente llegarás a la cima"

¡Ahora es tiempo de festejar!

¡Felicidades!, ¡vas por el camino correcto!, ¡continúa!, ¡avanza sin temor! Espero que hayas dedicado tiempo, no solo para leer este capítulo, sino también para responder cada una de las preguntas, lo cual te ayudará a tener más claridad en tu propósito, pero aún mejor, claridad del camino a seguir y las acciones a implementar. Una última recomendación: *festeja*. **Cada vez que tengas un avance, por muy pequeño e insignificante que sea, festeja, para que te ancles emocionalmente al logro y te vuelvas adicto al éxito.**

Cada avance prémiate, date, aunque sea un pequeño gusto. En mi tablón de los sueños tengo un apartado de premios, entre los cuales está tener un *Mustang* clásico convertible remodelado y viajar con mi pareja por muchos lugares, ¡wow! eso me emociona.

Es muy importante que te conectes psicológicamente al éxito (estar logrando lo que deseas) con el placer, porque de antemano con relación al fracaso -o no estar logrando lo que deseas- ya tenemos un cúmulo de conexiones negativas, auto castigos y emociones destructivas. **Debemos crear una gran cantidad de nuevos canales neuronales en nuestro cerebro en pro del éxito,** de tal manera que nuestro sistema nervioso se active constantemente, para impulsarnos a actuar en automático hacia el cumplimiento de nuestros objetivos (*este es el secreto*) y **una de las claves para reprogramarnos positivamente es el de festejar cada avance.** Ánimo conquistador de sueños, cada vez estas más cerca de la cima.

DECRETO

Hoy tengo claridad de mis propósitos, lo cual me da el poder para lograr mis objetivos y sueños. Sé que hay una escalera qué subir para alcanzar mis sueños, asciendo por ella peldaño a peldaño, identifico el motivo indicado para tomar acciones que me generen la energía necesaria para continuar todos los días sin parar.

Identifico qué recursos internos y externos tengo que adquirir y desarrollar, para convertirme en la persona indicada, digna de lo que deseo. Coloco todos los días los ladrillos necesarios, con entusiasmo y constancia, para pronto disfrutar del gran castillo del éxito.

Festejo en grande cada uno de mis logros.

¡Soy un conquistador de sueños!

Capítulo 10
A Todo Vapor

"**Estás predestinado a impactar en la vida de miles de personas... Cree en ti y atrévete a cumplir tu destino**"

El silencio es interrumpido por un agudo silbido que sale de las entrañas de la poderosa locomotora de vapor, anunciando que en unos instantes está a punto de partir. Los pasajeros comienzan a subir rápidamente, preparándose para la travesía. Un segundo silbido indica que es tiempo de iniciar la marcha. La mole de acero empieza a moverse lentamente con un ruido estremecedor.

Algunas personas observan la escena, fascinadas, no pudiendo evitar preguntarse, ¿cómo es posible que esta gigantesca máquina de acero se mueva? Los operadores alimentan velozmente la poderosa caldera de la locomotora, que se asemeja a un dragón insaciable. La temperatura aumenta rápidamente, el agua hierve y se convierte en vapor. De la chimenea sale expulsado el humo, la velocidad aumenta cada vez más. Los pasajeros disfrutan del viaje, el aire entra por las ventanillas. Uno de los ayudantes del maquinista observa la temperatura de la caldera, con la mirada le indica al jefe de los maquinistas que la locomotora avanza a todo vapor, a toda velocidad. El maquinista sonríe y jala el cordón del silbato, que emite un estruendoso sonido agudo, como si se tratara de un festejo. Por donde va pasando, tiembla la tierra y las personas que observan la escena se dejan ver sorprendidos por tan magnífica máquina, un monstruo imparable.

Esta era una escena común en el viejo oeste de la unión americana en el siglo XIX, pues las poderosas máquinas irrumpieron en el mundo abruptamente. Quiero que dimensiones, que la tecnología no era tan avanzada en ese momento. Para aquella época, representó un símbolo de modernidad y progreso. Por donde fuera que pasara, la máquina generaba admiración y respeto.

Imagina que puedes convertirte, como una locomotora de vapor, en una maquina imparable que, por donde quiera pase, sembrará éxito, progreso y prosperidad. Que tu enfoque, claridad de propósito y energía al avanzar, sean tan característicos de ti, que resultará difícil no hacerte notar, por tu seguridad, dinamismo y pasión. Eso es lo que vamos a ver en este capítulo: Cómo ser una máquina *imparable*.

Energía para triunfar

Hace un tiempo tuve el privilegio de asistir a uno de los eventos multitudinarios del maestro del desarrollo personal, *Tony Robbins*. El recinto era gigantesco, la cantidad de asistentes era enorme: más de 15,000 personas de más de 70 naciones congregadas en un mismo lugar. Había 700 personas de diversos países que, de manera voluntaria, asistieron a apoyar como *staff* del evento sin remuneración alguna. Antes de que él apareciera en el escenario, ya había una atmósfera energizada. Era imposible escapar de ella, se estaba gestando una enorme energía, un ambiente de fiesta y algarabía. Todo sin que aun *Tony Robbins* saliera aún al escenario.

De repente anunciaron al gurú de la transformación. La música comenzó a sonar a todo volumen. La gente se paró de sus asientos y se escuchó un rugido de celebración proveniente de las voces de miles de personas, que gritaban en diversas lenguas. Apareció en el escenario, un hombre vestido de negro, dando saltos y saludando a la multitud. Este fue el inicio de un evento de 4 días en los cuales *Tony,* con un tremendo nivel de energía y resistencia, nos cautivó con sus conocimientos de más de 40 años de experiencia en el ámbito de la transformación y el desarrollo personal. Fue increíble estar frente a este hombre, con el nivel de energía más alto que jamás haya visto. Las jornadas fueron muy largas, de las 10 de la mañana, hasta casi media noche, sin parar.

Cuando las personas me preguntan qué aprendí de dicho seminario, siempre respondo lo siguiente *"Tener altos niveles de energía para triunfar, para poder impactar en la vida de miles de personas"*.

¿Qué es la energía?

En física, la definición de energía, se refiere al poder o capacidad para efectuar algo. El concepto de energía, está vinculado estrechamente con la potencia de generar *movimiento* o la capacidad de *transformar* algo. En el ámbito del desarrollo personal y del éxito, nos competen *3 tipos de energía: física, emocional y mental.*

¿Por qué es tan importante este tema? Muy sencillo. *Si la energía es el poder para realizar lo que deseamos, cuando vas a iniciar un emprendimiento, el resultado final va a estar estrechamente relacionado con tu nivel de energía.* Altos niveles de energía, serán igual a un resultado deseado - inclusive superior-. Por el contrario, bajos niveles de energía, tendrán como fruto resultados no deseados, desánimo, depresión, etc., inhabilitándote para accionar poderosamente y lograr lo que deseas.

PRINCIPIO FÉNIX PARA EL ÉXITO #64

El resultado de tu emprendimiento, va a estar estrechamente ligado a tus niveles de energía. Requerirás altos niveles de energía para triunfar y disfrutar tus sueños. Bajos niveles de energía, tendrán como fruto, resultados no deseados.

En todos mis talleres y mentorías, hago referencia a este concepto: *energía para triunfar y ser felices.* Requerirás altos niveles de energía para lograr todo lo que deseas –y también para disfrutarlo-. Si observamos atentamente, vamos a encontrarnos con personas muy capaces, inteligentes, con contactos y con todos recursos necesarios para alcanzar el éxito, pero que no tienen esa chispa que se requiere para actuar masivamente y con persistencia. Estas personas, difícilmente podrán tener grandes logros o vidas en plenitud. Este es un secreto del que pocos entrenadores hablan.

Para salir de tu zona de confort y/o estancamiento, siempre vas a requerir de *energía* (capacidad de movimiento y transformación). **Entre más tiempo tengas estancado, más energía vas a requerir para retomar tus proyectos.** Recuerda cada vez que has tenido un gran logro: ¿qué niveles de energía tenías? Te aseguro que eras una maquina imparable, que avanzaba a todo vapor.

Todo es energía

Según las leyes de física, para mover un objeto que está en reposo o modificar su curso, se requiere de cierta cantidad de *energía/fuerza*, en especial, al inicio. Esto lo podemos observar en un cohete espacial o un avión: al despegar, es cuando requieren utilizar más combustible. Lo interesante es que, ya que lograron la altitud de vuelo, ya no necesitan tanto.

Otro punto interesante, que tiene que ver con las leyes de física de Newton, es que, *la fuerza de movimiento que utilizas en pro de lograr tus objetivos, influye en las personas que se encuentran cerca de ti,* generando también en ellas movimiento, como las bolas de billar: cuando una bola en movimiento se topa en su curso con otra que está estacionada, se crea un movimiento en la bola estática al ser impactada por la que estaba en movimiento, modificando su curso y su destino, ¡es extraordinario lo que puedes lograr al moverte!

Mantente en movimiento siempre.
Eso te ayudará a crear cada vez mayores niveles de energía.
Influirás en las personas que te rodean, generando
movimiento en ellas también.

Primera Ley de Newton

"Para que un cuerpo altere su movimiento es necesario que exista algo que provoque dicho cambio. Ese algo, es lo que conocemos como "fuerza". Esta, es el resultado de la acción de unos cuerpos sobre otros"

A través de esto, podemos comprender que tenemos una gran capacidad de impactar positivamente en la vida de otras personas, en especial de nuestros seres queridos.

"Tu misión y felicidad está relacionada con impactar positivamente en la vida de muchas personas, atrévete y avanza hacia tus sueños"

Los líderes más destacados de la humanidad tienen como común denominador sus altos niveles de energía. Esto los impulsa a actuar, logrando cosas extraordinarias en el camino. No han terminado un proyecto, cuando inician otro, están en movimiento continuo. Algunas personas los tachan de *"Workaholic"*, pero la realidad es que han aprendido a generar tanta energía que se convierten en personas más activas y productivas que el promedio. Este continuo movimiento, dirigido a un objetivo específico, les permite que logren todo cuanto se proponen. **Michael Jordan** entrenaba una y otra vez, literalmente sin parar. Su éxito, su filosofía de vida y sus altos niveles de energía se reflejan en la siguiente frase:

El multimillonario inmobiliario, escritor y conferencista **Grand Cardone** es otro ejemplo del poder de la energía para lograr lo que deseas. Inició quebrado a los 21 años, con adicción a las drogas. Años después de salir de la universidad, a los 30 años, ya era millonario y en la actualidad

> **"He fallado más de 9.000 tiros en mi carrera. He perdido casi 300 partidos. 26 veces han confiado en mí para tomar el tiro que ganaba el partido y lo he fallado. He fracasado una y otra vez en mi vida y es por eso que tengo éxito"**

tiene una fortuna superior a los 500 millones de dólares. Su filosofía de vida es *"La regla 10 X"*, que dice que tenemos que multiplicar por 10 nuestras acciones, para lograr nuestros objetivos. **"Debemos convertirnos en seres obsesivos, *como si estuviéramos en una misión divina para poder triunfar"*,** palabras textuales de Gran Cardone.

En lo personal, también soy *cinético*. Requiero estar en movimiento continuo y en la búsqueda de nuevos horizontes. Mis hijos heredaron ese rasgo de personalidad; uno de ellos, el músico, tiene la característica de que, cuando se pone a practicar, se pierde hora tras hora, en inmersión total, pero cuando escucho el resultado, no puedo evitar decir - ¡Wow! valió el esfuerzo-. Como entenderás, este tema es un pilar para una vida plagada de éxito y plenitud. Por lo tanto, te voy a compartir algunos consejos que he aprendido de parte de mis mentores, que no solo son millonarios, si no también felices y con una vida llena de significado.

Tu cuerpo, ¿un Voslwagen o un Ferrari?

Durante toda tu vida, tu corazón va a latir aproximadamente 2,000 millones de veces, sin parar, sin darse ningún pequeño descanso. Este órgano maravilloso, es solamente una pequeña parte de tu cuerpo. De la misma manera que tu corazón, el resto, estará a tu servicio durante toda tu vida, desde el preciso instante en que fue fecundado el óvulo e inició el maravilloso milagro de la duplicación celular, hasta el momento que tengas que partir. Pocos entrenadores toman muy en serio tener los cuidados necesarios **en el vehículo más importante para lograr el éxito:** *tu cuerpo* –su físico los delata-. Se trata de un factor fundamental no solamente para triunfar, sino también para poder disfrutar de la cosecha de tus logros.

PRINCIPIO FÉNIX PARA EL ÉXITO #66

Toma muy en serio tener los cuidados necesarios con tu cuerpo, ya que es el vehículo más importante para lograr el éxito. Tendrás que dedicar tiempo, dinero y esfuerzo para que tu vehículo funcione eficazmente y mantener la energía suficiente, para que te transporte en tu día a día.

Al igual que una poderosa locomotora de vapor, que requería mantenimiento y cuidados especiales para poder continuar funcionando adecuadamente, tú también **tendrás que dedicar tiempo, dinero y esfuerzo, para que tu vehículo (tu cuerpo), funcione eficazmente y mantengas la energía suficiente para que te transporte en tu día a día.** En el camino al éxito, he identificado algunos puntos importantes, en los que tenemos que trabajar para poder estar energizados todos los días, acciones fundamentales como: respirar adecuadamente, tener un descanso reparador, hacer ejercicio todos los días, llevar una alimentación desintoxicante y alcalina, sexo placentero, meditar, reírse, sentirse feliz, relacionarse armónicamente y tener siempre una nueva cima por conquistar.

Respirar adecuadamente

Podemos vivir 40 días sin alimentos, 2 días sin tomar agua, pero solo 12 minutos sin respirar. Uno de los principales requerimientos de las células, es el oxígeno. De hecho, uno de las principales causas de enfermedades, es la hipoxia celular (déficit de oxígeno). Aprender a respirar adecuadamente, será un factor trascendental, pues sumará a tu vitalidad.

Algunos consejos para oxigenar tu organismo son:

- **Respiraciones profundas abdominales.**
- **Salud pulmonar:** Lo cual incluye no fumar y estar en el peso adecuado, ya que, cuando una persona tiene sobrepeso, los intestinos inflamados generan presión en los pulmones, por lo que no alcanzan a llenarse de aire adecuadamente; también incluye tratar rápidamente cualquier infección o anomalía en el sistema respiratorio.
- **Postura adecuada:** Ya que una mala postura es una de las principales causas de una mala oxigenación. La mayoría de las personas, tienen una postura incorrecta. Corregir

nuestra postura ayudará a nuestra columna vertebral y con ello a que nuestros pulmones reciban más oxígeno.

- **Practicar disciplinas como el Yoga, Pilates, Tai-chi o Mindfulness**: Mejoran considerablemente nuestra manera de respirar, ayudándonos a que sea más profunda y disminuyendo los niveles de estrés. Hoy en día, tenemos la fortuna de encontrar cientos de vídeos en internet, que nos sirven de guía para comenzar a practicar estas disciplinas, sin tener experiencia previa.

- **Técnica Pomodoro**: Ayuda a oxigenar el cuerpo y reducir el estrés, en medio de largas jornadas laborales. Consiste en el esparcimiento o realización de estiramientos, de entre 5 y 10 minutos, entre lapsos de 25 a 45 minutos de trabajo. Existen múltiples aplicaciones que puedes descargar a tu celular para que te recuerden los lapsos donde debes detenerte a *"tomar un respiro"*.

- **Método Wim Hoff**: Desarrollado por un holandés, también conocido como el *"Ice Man"* (hombre de hielo), conocido así por su gran capacidad de resistir temperaturas extremadamente bajas. Ha realizado varias proezas, como subir a 8,000 metros de altura en el monte Everest vistiendo únicamente con botas, un pantalón corto y sin camiseta, ¡wow! Este método permite no solo oxigenar el organismo, sino también mejorar considerablemente el sistema inmunológico.

PRINCIPIO FÉNIX PARA EL ÉXITO #67

Dedica tiempo todos los días a oxigenar tu mente y tu cuerpo. Prestar atención a tu respiración, te ayudará a reducir el estrés, aumentar tu enfoque y realizar cada vez mayores proezas.

Descanso reparador

Dormir produce un "reinicio" de los sistemas de nuestro cuerpo. Diversos estudios demuestran, que una rutina adecuada de sueño, nos ayuda regenerarnos, mejora las funciones inmunitarias y potencializa el funcionamiento metabólico. Al dormir, consolidamos nuestra memoria de corto a largo plazo y se limpia la placa que puede generar demencia o *Alzheimer*. Dormir bien, además, nos ayuda a tener sueños inspiradores, facilitándonos nuevas ideas y posibles soluciones a los problemas que nos aquejan. Por otro lado, dormir de forma insuficiente, se ha asociado con un mayor riesgo de padecer *diabetes,* desarrollar problemas del corazón, obesidad, depresión y otras enfermedades. Cuando no descansas bien, te olvidas de cosas, no eres conciso y se dificulta la concentración.

La cantidad de horas que debemos dormir varía entre la edad, el estilo de vida y la salud con la que cuenta cada persona, aunque por lo general suele ser de entre 6 y 8 horas diarias.

Dormir adecuadamente: Incrementa la creatividad, ayuda a perder peso, mejora la memoria, protege el corazón, reduce la depresión, fija los conocimientos y mejora el sistema inmunológico.

Además de dedicar las horas necesarias para nuestro descanso, debemos procurar que este sea reparador, lo cual se refiere a que no basta con destinar 8 horas a dormir, sino que además debemos de consolidar el ambiente propicio para el descanso. Muchas personas con problemas de sueño afirman que, a pesar de estar durante largas horas en la cama, no logran el descanso deseado, se levantan en estado de letargo y les duele el cuerpo.

Los 5 principales puntos que debes de considerar para tener un descanso reparador, son los siguientes:

1) Eliminar dispositivos digitales de tu habitación: El teléfono móvil estimula la dopamina, manteniéndote en estado de alerta. Usar el celular antes de ir a la cama, te saca del estado parasimpático, que propicia la relajación y te prepara para dormir. Nuestros dispositivos emiten luz azul, lo cual inhibe la producción de melatonina, vital para descansar. No toques ningún dispositivo digital al menos una hora antes de irte a la cama.

2) **Oscuridad:** Dormir en una habitación completamente oscura te ayudará a dormir mejor. Nuestra piel tiene foto-receptores que alteran el sueño profundo, si existe, aunque sea un poco de luz.

3) **Mantener el dormitorio libre de trabajo:** Los ambientes nos anclan a estados específicos de la conciencia. Nuestra habitación *"debería"* ser un espacio libre de trabajo, un espacio especial para descansar, por lo que te recomiendo que no te lleves trabajo a la cama.

4) **Mantener el dormitorio fresco:** El clima fresco ayuda a entrar en estado de hibernación. Mantén tu dormitorio entre 20 y 22°C (62°F). Si no tienes aire acondicionado, busca formas de ventilarlo, principalmente en verano.

5) **Haz ejercicio:** Está comprobado que las personas que hacen ejercicio, logran entrar en estados más profundos de sueño, principalmente cuando lo hacen por la mañana. La hora recomendada es entre 7 y 8 a.m.

PRINCIPIO FÉNIX PARA EL ÉXITO #68

*Haz lo que sea necesario para tener un descanso
reparador todos los días; el descanso es uno de los factores
determinantes de tu energía y enfoque para que puedas
hacer diariamente las actividades necesarias
de la escalera del éxito.*

Ejercitarse diariamente

¡Wow! Si hay algo que me encanta y me aporta grandes dosis de energía es ejercitarme. Hace algunos años que tenía sobrepeso, mis niveles de energía y mi autoestima estaban por los suelos, pero me propuse cambiar esa situación y jamás pensé que desarrollar el hábito de hacer ejercicio me daría tan grandes satisfacciones. Actualmente me dedico al montañismo, salgo a correr, hago levantamiento de pesas y practico taekwondo. Me convertí en un hombre adicto al deporte, pues descubrí que me ayuda, no solo a mantenerme saludable, sino también a sentirme vivo. Te aseguro que, aunque parezca difícil al principio, este te aportara una gran variedad de beneficios aparte de grandes dosis de energía, así que ¡comienza ya!

Beneficios biológicos de hacer ejercicio:

Mejora la forma y resistencia física, regula las cifras de presión arterial, incrementa o mantiene la densidad ósea, mejora la resistencia a la insulina, ayuda a mantener el peso corporal, aumenta el tono y la fuerza muscular, mejora la flexibilidad y la movilidad de las articulaciones, reduce la sensación de fatiga.

Adicional a esto también nos encontramos con beneficios psicológicos como: Aumento de la autoestima, mejora de la autoimagen, reducción del aislamiento social, rebaja de la tensión y el estrés, disminución de los niveles de depresión, ayuda a relajarnos, te mantiene más alerta, disminución del número de accidentes laborales, menor grado de agresividad, ira, angustia, etc.

A nivel hormonal también tienes beneficios, ya que al ejercitarte el cuerpo segrega:

- **Serotonina**: Sustancia que influye notablemente en nuestro estado de ánimo.
- **Dopamina:** Es una hormona que nos permite experimentar una sensación placentera tras hacer ejercicio.
- **Endorfinas:** Nos permiten sentir felicidad, alegría y hasta euforia.
- **Testosterona:** Se ha relacionado con un comportamiento seguro y dominante, incluso en las situaciones sociales, tanto para hombres como para mujeres. También disminuye la adrenalina y el cortisol causantes del estrés.

Alimentación desintoxicante y alcalina

Lograr tener un cuerpo sano y energizado, está más cerca de ti de lo que crees. Lo más importante es que no requieres grandes inversiones o grandiosos sacrificios. Es sólo cuestión de realizar pequeños pasos todos los días. Una de las claves es lograr en equilibrio en el *pH* de tu cuerpo (potencial de hidrogeno). El cuerpo fluctúa entre la acidez y la alcalinidad, ambas generadas por los alimentos que consumimos. Tener un cuerpo alcalino nos generará salud, y tenerlo acido, lo hará un campo perfecto para enfermedades recurrentes –incluso crónicas-. El *pH* es una escala del 0 al 14. 0 es altamente ácido y 14 altamente alcalino. Los niveles correctos son entre 7.35 y 7.45, lo que significa que nuestro cuerpo tendrá que estar ligeramente alcalino.

Cuando no tenemos un equilibrio correcto del pH nuestro cuerpo se tornará ácido y nuestro organismo será terreno fértil para un sinfín de padecimientos, cuyos efectos negativos aún no se descubren totalmente, desarrollando problemas como: cansancio, dolores de cabeza, problemas digestivos o desmineralización de las uñas, el cabello y muchos más.

El Dr. Theodore A. Baroody escribió en su libro *"Alcaline or die"* (Alcalinizar o morir):

"En realidad, no importan los nombres de muchas enfermedades, lo que importa es que todas ellas provienen de la misma raíz: residuos ácidos en el cuerpo".

¡Wow! Este tema va más allá que solo tener altos niveles de energía, también tiene que ver con la vida y la muerte, te voy a compartir algunas sencillas recomendaciones para alcalinizar tu cuerpo.

1) Entre menos natural sea un alimento, será más ácido. De hecho, hay algunos alimentos que son literalmente un ácido para el cuerpo, entre ellos las gaseosas, frituras, azúcar refinada, harina blanca, zumo de frutas envasado, chocolate (no cacao), mermelada, leche de vaca, arroz, carnes rojas, embutidos, etc. Por lo tanto, hay que evitar lo más posible los alimentos industrializados.

2) El ejercicio te ayuda a acelerar el metabolismo y eliminar toxinas, ¡otra razón más para hacer ejercicio!
3) ¡Agua, agua, agua! Al momento de hidratarte, dale preferencia al agua. Evita gaseosas o jugos endulzados. Debido a que existen diversos tipos de organismos, todavía no se llega a un acuerdo exacto sobre cuánta agua tomar, pero procura que sean por lo menos 2 litros diarios.
4) Consume alimentos alcalinos como: patatas, lechuga, pepino, coles de Bruselas, espinacas, algas, limón, bayas de goji, aguacate, ajo, té verde, jengibre, almendras crudas, frutas y verduras (crudas preferentemente), etc.
5) Soluciones caseras: Agua con limón y una pizca de bicarbonato en ayunas, por ejemplo, ayudará a mantener saludables tus riñones y tu hígado, mejorará tu digestión y te ayudará con el control de peso.

PRINCIPIO FÉNIX PARA EL ÉXITO #69

Aliméntate todos los días de la manera más saludable posible, evita alimentos que enlentecen tu metabolismo y te roban energía de movimiento. No olvides activarte diariamente. Al principio parecerá que el ejercicio te agota, pero cuando lo conviertas en un hábito, te llenará de energía y tu propio cuerpo te lo pedirá

Te comparto la siguiente frase para reflexionar:
El *Dr. George W. Crile,* uno de los cirujanos más respetados de *Cleveland* y el mundo, declara abiertamente: "Todas las llamadas *muertes naturales* no son más que el

punto final de un proceso de saturación debido a la acidez en el cuerpo". **Nota:** Las recomendaciones anteriores, son hechas con base en mis hábitos y rutinas alimenticias. Te sugiero que acudas a un nutricionista para que te realice los estudios necesarios y te haga una asesoría personalizada respecto al tema (recuerda tener un mentor en cada área de tu vida).

Sexo satisfactorio

Es un verdadero regalo de Dios para los seres humanos. Desafortunadamente, está sobrevalorado, estigmatizado, rodeado de tabúes y creencias erróneas. A pesar de todo, cada día aparecen más estudios científicos que demuestran sus beneficios, físicos, emocionales y por consecuencia, energéticos. Uno de los principales beneficios, es el de crear conexión, una de las necesidades básicas del ser humano, por lo cual favorece en el ámbito emocional. También se ha demostrado que estimula el sistema inmunológico y disminuye el estrés. En los hombres, reduce el riesgo de cáncer de próstata.

El sexo, al ser una actividad física, te dará los beneficios del ejercicio: segregarás altas dosis de serotonina, dopamina y endorfinas, generando una gran sensación de placer y energía... ¡Bueno, ya sabes! Si traes las pilas bajas, ¡ten una sesión de sexo!

Meditar

Mi padre practicaba con regularidad la meditación. Fui testigo de cómo su carácter fue moldeándose paulatinamente. Considero que la meditación fue uno de los elementos que le apoyó en esa mejoría.

Está más que comprobado científicamente que la meditación conlleva muchos beneficios para quienes practican con regularidad esta disciplina ancestral. Curiosamente, he observado que las personas más exitosas del mundo la practican y la recomiendan: desde deportistas, escritores y conferencistas, hasta inventores, empresarios, políticos y millonarios.

Antoine Lutz, un monje budista y biólogo celular, líder en el estudio de la neurobiología de la meditación y *Richard J. Davidson,* pionero en el estudio de la ciencia de la meditación, han comprobado que la práctica diaria de la meditación, tiene la capacidad de modificar la mente, aunado a los grandes beneficios físicos y energéticos.

En colaboración con varias universidades, estudiaron durante 15 años a 100 monasterios, logrando tener sorprendentes resultados:

✓ Disminución de los niveles de *estrés, ansiedad y depresión,* los cuales consumen grandes cantidades de energía hasta agotar física y mentalmente a una persona.

✓ Reducción del tamaño de la *amígdala.* Dicho órgano está estrechamente involucrado en procesos de miedo, pánico y agresión.

✓ Mejora considerable de la *memoria,* la *concentración,* la capacidad de conciliar el *sueño* y la estabilidad de las *emociones.*

Existen múltiples técnicas de meditación, pero sea la que sea que practiques, te ayudará a elevar tus niveles de energía.

PRINCIPIO FÉNIX PARA EL ÉXITO #70

Convierte la meditación en un hábito diario.
Además de los grandiosos beneficios comprobados que
puedes generar, meditar te ayudará a tomar mejores
decisiones, mantenerte tranquilo ante los retos de la vida y
ser más asertivo en tu manera de enfrentar tu día a día.

Reírse y sentirse feliz

Reír es uno de los hábitos más poderosos (si, digo habito porque proactiva y premeditadamente lo puedes practicar todos los días, hasta que se convierta un hábito), ya que conlleva muchos beneficios, psicológicos, físicos y energéticos, como:

Cuando una persona ríe, en especial a carcajadas, se activan más de 400 músculos, toda una sesión de ejercicios faciales e inclusive abdominales. Algunos especialistas comentan que una buena sesión de risoterapia, equivale a salir a trotar media hora, teniendo beneficios colaterales como la quema de grasa.

El sistema inmunológico se beneficia altamente cuando reímos, se generan más inmunoglobulina y linfocitos T, los responsables de eliminar virus y bacterias, hay casos muy sonados de personas con cáncer, que después de utilizar la risa como terapia, mejoran notablemente, apoyándolos a salir victoriosos de dicha enfermedad.

Reír también te ayudará como una actividad anti estrés y tiene su razón científica, cuando reímos se produce una relajación en los músculos.

¿Quién no ha reído a carcajadas en una reunión entre amigos? Ayuda a captar el doble de oxígeno de lo que normalmente recibimos en las respiraciones habituales, también liberando endorfinas, la hormona asociada con la sensación de felicidad y bienestar. También segregamos grandes cantidades de dopamina y serotonina, sustancias que combaten trastornos del estado de ánimo como la depresión o la ansiedad.

Hay un neurotransmisor que es liberado cuando reímos, la catecolamina, que mejora notablemente la memoria y la agilidad mental. Ríe y serás más inteligente.

Al reír, aumentan nuestros lasos emocionales, de hecho, se genera conexión, una de las necesidades básicas del ser humano, ayudándonos también, a lucir más atractivos. Si deseas conquistar a una persona, hazla reír, te verás más guapo(a), te ayudará a proyectarte más seguro, confiado y olvidarte de tus problemas y siendo más optimista sobre tu futuro y sobre la vida en general.

Como verás, reír y estar feliz, es fundamental para tener altos niveles de energía, apoyándote a tener una vida en plenitud y felicidad. Programa de una manera consiente, proactiva y premeditadamente, sesiones de riso terapia.

Relaciones armónicas

Este tema. ¡vaya que si es candente! No tener relaciones armónicas, conlleva al desenfoque y a un gran derroche de energía, muchas veces tratando de solucionar algo que no tiene solución (porque es muy grave o porque no es un problema real, sino que lo hemos generado por falta de habilidades sociales). Cada uno de nosotros, somos responsables de lo que sentimos. El sentir, como ya he dicho, es parte de tu mundo interior y una interpretación personal del mundo exterior, basado en tus experiencias previas y creencias. Aquí viene de nuevo la importancia de haber clarificado lo que quieres, pues esto te permitirá conectar con las personas que vibran en tu frecuencia, con las que serás más afín.

PRINCIPIO FÉNIX PARA EL ÉXITO #71

Presta especial cuidado a las personas que te rodean y cuida tus vínculos valiosos. Las personas que suman, formarán parte importante de tus emociones. Si tuviste un mal día, por ejemplo, salir a distraerte con alguien que amas y tener una sesión de risoterapia te ayudará a reestablecerte emocionalmente.

Frecuentemente vamos a escuchar que las personas discuten por verdaderas tonterías, todo esto por carecer de habilidades sociales como lo es la comunicación o la empatía, así como relacionarse con personas poco afines. Puede que, lo que para ti es una tontería para otra persona sea algo valioso, así que una de las claves es que te conozcas, tengas clara tu valía y que sepas retirarte a tiempo de donde no es tu lugar y no te valoran.

Trabaja en sanar tu ser interior, valorarte, tener una autoimagen positiva, identificar tus valores y solo permitir que entren a tu mundo íntimo, las personas indicadas, que suman a tu visión. Una de las causas por las que muchas personas no triunfan y se mantienen en niveles bajos de energía, es por no estar con las personas indicadas. Es algo que en el mundo moderno vamos a observar una y otra vez. Los expertos en el área de desarrollo personal afirman que elegir adecuada o inadecuadamente a la persona que será tu acompañante (pareja) en el camino, estará estrechamente relacionado con tu felicidad o amargura, con tu éxito o fracaso, con tus niveles de energía e inclusive con tu salud física y emocional.

El éxito y la plenitud, son multifactoriales, es un estilo de vida. Si tu agregas a tu vida estos elementos, tendrás la energía y salud que requieres para lograr tus objetivos, por lo que, tendrás que aprender a respirar adecuadamente, tener un descanso reparador, ejercitarte diariamente, alimentarte para nutrir y desintoxicar tu cuerpo, tener sexo satisfactorio, meditar, tener tu sesión de risoterapia y disfrutar de relaciones armónicas. ¡Felicidades mi querido conquistador de sueños! Ahora, ¡a ponerlos en práctica y disfrutar de los beneficios!

Nuevas cimas por conquistar

Tener anhelos y metas por lograr, tiene muchos beneficios, no solo emocionales, sino también físicos. Ayuda a que una persona sea más longeva y sana, por ejemplo. Existen estudios muy serios respecto al tema de la jubilación y la longevidad. La tasa de sobrevivencia de una persona que se jubila y no realiza ninguna actividad, pasando a tener una vida sedentaria, disminuye radicalmente, contrario a las personas que se mantienen activas, quienes tienden a vivir más. En lo personal, no creo en la jubilación. Yo me visualizo teniendo 90 años -o más-, haciendo ejercicio, emprendiendo, escribiendo, viajando, próspero y feliz.

Una de las necesidades básicas del ser humano, es la variedad. Propicia que cuando alcanzamos algo, aunque seamos felices, pasado un tiempo perdamos el interés y deseemos algo más. Es parte de la naturaleza humana y no podemos ir contra ella. Sabedores de esto, podemos utilizarla a nuestro favor, teniendo siempre una nueva cima que conquistar, que nos motive, nos llene de energía y nos emocione.

No se trata de volvernos multitareas, el enfoque es necesario para alcanzar grandes cimas. Sin embargo, cuando nos atrevemos a soñar, tenemos la posibilidad de contemplar muchas cumbres y entonces, al estar arriba de una, podemos disfrutar del paisaje, mientras contemplamos otra cima qué escalar.

Energía emocional

La palabra *EMOCIÓN* proviene del latín *"emotio"*, *"emotionis"*, nombre que se deriva del verbo *"emovere"* (mover, trasladar). Por eso, una emoción tiene la capacidad de movernos. **Cuando desarrollamos la habilidad de emocionarnos, también nos volvemos hábiles en impulsarnos a tomar acción.** Nuestras emociones positivas nos sacan de nuestro estado habitual. Este es un impulso - mayoritariamente involuntario- originado por estímulos externos, desencadenando conductas y reacciones en nosotros.

Las emociones son un proceso neuroquímico y cognitivo. Podemos desarrollar la capacidad, más que de "controlar" (algo que considero que es casi imposible ya que es una reacción automática), de canalizar o gestionar adecuadamente nuestras emociones. Al aprender a reconocerlas y conocer de dónde se originan, tenemos el poder de canalizarlas positivamente. Hay emociones que nos llenan de energía y otras que nos roban tanta energía, que terminamos totalmente agotados.

La clave aquí es *conócete*. Una emoción es el fruto de un factor externo:

Acontecimiento → Pensamiento → Emoción

Es importante cuestionar el origen o detonante de nuestras emociones, ya que un mismo suceso, genera diferentes reacciones en dos personas.

Respóndete las siguientes preguntas:

¿Qué emociones me conviene sentir?
¿Qué emociones me desgastan física y mentalmente?

¿Cuáles son los factores que desencadenan las emociones que me energizan?

Finalmente, **las emociones son simplemente el producto de una percepción.** *Todo es parte de tu juego mental,* es una interpretación interna. Una de las claves es re-encuadrarlas, darles un nuevo significado, pero también, **buscar propiciar las emociones que te empoderen.**

PRINCIPIO FÉNIX PARA EL ÉXITO #72

Cuida tus pensamientos, pues estos generan emociones y las emociones son las que nos movilizan o nos paralizan en el camino al éxito.

Es tiempo de tomar acción ¡a todo vapor!

En física cuántica, se cree que existe una gran cantidad de posibles futuros, llamados *"universos alternos"*, todos ellos, como resultados de pequeñas decisiones que tomamos. **Una acción, por muy pequeña e insignificante que parezca, puede ser el detonante de un futuro totalmente diferente de lo planeado.** Por eso, debemos de estar atentos a lo que decidimos y a la manera en que las acciones –o inacciones- diarias que tomamos, podrían afectar nuestro futuro. Todo lo anterior, está basado en tener claridad en nuestros objetivos, tener claro el camino que queremos tomar y quién nos va acompañar.

Si hay algo que deseo que te quede claro y lo repito continuamente –en mi día a día y en este libro-, es la importancia de que te asesores, que busques un *mentor*. Tú mereces una vida extraordinaria, ¡créelo! Todo lo que deseas, está más cerca de ti de lo que piensas: si agregas los elementos indicados a tu ecuación del éxito, incluyendo grandes cantidades de energía, el resultado será simplemente consecuencia de tus acciones diarias.

Visualiza que han pasado 5 años desde este momento, que has tomado las decisiones correctas, que te has preparado, que te has empoderado, que cuidas tu cuerpo, estás atlético(a), delgado(a) y saludable; generas de manera consiente y responsable las emociones adecuadas: paz, amor, certeza, alegría, tienes relaciones armónicas y enriquecedoras, eres feliz, tu vida tiene significado, eres toda una máquina de energía que corre ¡a todo vapor! ¡Es difícil no hacerte notar por donde pasas! Impactas en la vida de muchas personas, eres amado (a) y reconocido (a), tienes una pareja extraordinaria y todo esto inició con una pequeña decisión, refrendada todos los días con las acciones indicadas.

Ese puede ser tu futuro, depende de ti, ahora es tiempo de que te pares en tu grandeza y te conectes a tu misión, ¡es tiempo de que arrebates lo que por derecho divino te corresponde!

DECRETO

Soy una maquina imparable.
Todos los días me levanto muy temprano,
lleno(a) de energía, con un objetivo
empoderador y claridad del camino.

Tengo la humildad de pedir consejo a los sabios,
los escucho atentamente e implemento sus
recomendaciones en mi vida.

Genero las emociones que me energizan,
provocando cada vez más energía en mi día.
Logro mis objetivos con facilidad y de manera
divertida. Elevo mi estándar continuamente, soy
un líder efectivo, inspirador e impulso el cambio,
el progreso y la prosperidad.

YO SOY un referente en la vida de otras
personas, soy energía, soy entusiasmo, avanzo ¡a
todo vapor!, como una maquina imparable.

Capítulo 11
El aleteo de la Mariposa

"La vida es un breve, pero hermoso suspiro... ¡Por un carajo! ¿Qué esperas? Vívela apasionadamente, que la vida se te escapa lentamente"

Estaba sentado frente a mi padre, quien se encontraba abstraído de la realidad. La trama de la película requería que estuviéramos atentos, para no perder el hilo de los argumentos: esa película ya la había visto más de una vez, *Interestelar*, pero cada vez que la veía, descubría algo nuevo en lo cual meditar. Su enigmático drama entre ficción y realidad siempre genera en mí, una ola de reflexiones. La noche estaba un poco calurosa, era un domingo de agosto, ya pasaban de las 10 de la noche y estaba un poco cansado. Mi hijo Pablo cocinaba algo, parecía un domingo más; pero la vida siempre nos tiene preparadas sorpresas que romperán con nuestra cotidianidad, dejando grandes marcas en nosotros, de tal manera que la realidad que vivimos en determinado momento, jamás volverá a ser igual. De repente, de la nada, escucho un ruido, un gemido que emite mi padre. Volteo a verlo inmediatamente. Su cuerpo convulsiona, realizando bruscos movimientos en el sillón de la sala, donde se encontraba sentado. Me levanto de donde me encuentro, lo observo, su mirada estaba perdida, su rostro un poco pálido y sus labios sin color. En ese momento entendí que estaba sufriendo un ataque al corazón y mi pulso se aceleró.

Mi padre y yo tuvimos siempre una conexión especial, la cual permaneció a lo largo de nuestras vidas. Recuerdo que de niño lo veía, como un gran roble. Esa imagen siempre permaneció en mí, jamás pensé verlo caer. Grité desesperado, pidiendo ayuda. Mi hijo José Pablo, con los ojos desorbitados, sale de la cocina y observa la escena. Rápidamente me auxilia, tendemos a mi padre en el piso e iniciamos las maniobras de RCP (Reanimación Cardio Pulmonar) para tratar de resucitarlo. Presiono su pecho una y otra vez esperando que reaccione, le hablo dándole palabras de ánimo, ¿cómo se podía dejar vencer tan fácilmente?, ¡ésa no era su filosofía de vida!

Los intentos de reanimación hasta ese momento habían sido inútiles. Recordé que teníamos un vecino médico, le pido a mi hijo que vaya a buscarlo y sale a por él rápidamente. En un par de minutos regresan juntos. Sin cruzar palabra, el médico observa la escena y me da algunas instrucciones. Continuamos tratando de reanimarlo, suministrando oxígeno y presionando su corazón para que circulara la sangre. Me acerco a su oído y le susurro: -Todo va a estar bien. Te gradezco por cada momento vivido y por ser mi padre. Te amo-.

Veo con frustración cómo al paso de cada segundo, su cuerpo se torna más rígido. Llega una ambulancia, algún vecino la habrá pedido. Los paramédicos rápidamente toman el control de la situación, lo ponen en una camilla, para posteriormente subirlo al vehículo. Subo con ellos e inicia su marcha hacia el hospital. Continúan auxiliando a mi padre. Para eso ya no se movía. Como en las películas, pasaron por mi mente mil y un recuerdos, todos agolpados, las vivencias de mi infancia y juventud: Cuando le anuncié que sería abuelo y me regañó porque estaba muy joven para ser padre -y él también para ser abuelo-. Cuando tenía 6 años y caminábamos junto a él, mi hermano Lorenzo y yo, por las calles de la ciudad; él nos tomaba de la mano y eso generaba en mí una sensación de seguridad.

No podía concebir lo que estaba pasando. Todavía en la mañana, con su muy peculiar estilo de demostrar su amor, estaba dándole unos consejos a mi hijo Pablo y al mismo tiempo regañándolo enérgicamente. Llega la ambulancia al hospital, lo introducen rápidamente a la sala de urgencias, un médico de guardia le pregunta a los paramédicos la situación, da instrucciones a un ejército de hombres y mujeres vestidos de blanco que se acercan a auxiliar a mi padre, lo conectan a varios aparatos, introducen en sus venas un líquido y continúan tratando de reanimarlo.

Pasan los minutos y mi padre no responde. El que parece ser el medico principal, voltea a ver a una enfermera, como una señal de que todo intento fue inútil. Empiezan a dispersarse, traen un aparato para checar su actividad cerebral, desafortunadamente el resultado confirmó lo que tanto temíamos: mi padre había partido.

El regalo oculto

Mi padre fue un individuo de *personalidad marcada* y carácter fuerte, una persona con grandes convicciones y firmes creencias. Cuando él estaba convencido de algo, era muy difícil hacerlo cambiar de opinión, de hecho, no recuerdo que alguien lo haya logrado. Autodidacta de corazón, de orígenes muy humildes, nunca conoció a su padre, pero ninguno de todos esos retos, le impidió tener grandes sueños y logros en su vida.

Él me enseñó a soñar, soñar en grande. Era un verdadero soñador kamikaze. Muchas veces no medía las consecuencias, con tal de lograr sus objetivos: eso era lo que más respetaba de él, pues lo ayudó a tener marcados éxitos y sonados fracasos, pero nunca dejó de intentarlo.

Él fue mi primer gran *maestro de vida,* lo cual agradezco a Dios y a la vida. Ahora que han pasado algunos años desde que él partió, puedo ver ese evento como un regalo. **No creo en la muerte como tal. Creo que es una transición que nos lleva a otro lugar.** Ahora, meditando sobre ese momento en que el partió, pienso que, si lo hubiera hecho sin que yo estuviera presente, habría sido más doloroso para mí y muy difícil de digerir.

Todavía puedo recordar, cuando en el patio trasero de la casa, por las mañanas, después de salir a hacer ejercicio, se sentaba a meditar, para posteriormente tomarse una taza de café, que era su fiel amante. Su energía continúa estando presente en nuestro hogar.

Pasando los días, después de haber asimilado su partida, entendí que **la vida es un breve, pero muy breve suspiro.** Mucha gente, desafortunadamente se la acaba, conectada al drama, al sufrimiento, viviendo en el pasado, sin siquiera intentar tener una vida maravillosa y con sentido, pensando en el qué dirán, con miedos, Ahora, he comprendido que **la única manera de vivir la vida es viviéndola apasionadamente, como si hoy fuera el último día de nuestra existencia.**

El fantasma de la ilusión

Un gran error del ser humano, es no entender que solamente estamos de paso en este plano material, que somos peregrinos, que vivir realmente es un regalo de Dios. Dicho privilegio se le es retirado a muchas personas todos los días. Algunos sólo entenderán la valía de nuestra existencia, cuando sufran la pérdida de un ser amado o al estar frente a la posibilidad de partir. En ese preciso instante, cuando estamos frente a frente con el destino, muchos alcanzarán a ver la belleza de vivir. Pero para algunos, será demasiado tarde.

PRINCIPIO FÉNIX PARA EL ÉXITO #73

Si hay una clave para vivir en plenitud, es la de entregarte a la vida apasionadamente, de tal manera que ella se entregue irremediablemente a ti.

Amado conquistador de sueños, es tiempo de tomar la vida un poco más a la ligera, dejar los afanes y las tristezas. Es momento de darnos la oportunidad de sentarnos a ver el atardecer, bailar, reír, besar, amar y caminar a la orilla de la playa, tomado de la mano del amor de tu vida, disfrutar de todo lo maravilloso que Dios nos ha regalado, ser felices, bendecir y agradecer.

PRINCIPIO FÉNIX PARA EL ÉXITO #74

Date la oportunidad de ver el atardecer, bailar, reír, besar, amar, caminar a la orilla de la playa, disfrutar de todo lo maravilloso, ser feliz, bendecir y agradecer, porque si no eres feliz ahora con lo que tienes, no lo serás tampoco con lo que te falta.

¡Estás bendecido!

Cuando empieces a tomar la vida más a la ligera, despertarás del letargo espiritual en el que posiblemente vives y viven muchas personas. Podrás apreciar la belleza que te rodea; en ese momento descubrirás el verdadero sentido de la vida. Tengo una firme convicción: que Dios desea verte feliz, pleno y realizado, que Él te apoya incondicionalmente en todo lo que emprendas y cuando te conectes a la frecuencia adecuada, se abrirán las compuertas del cielo, y todos esos milagros y bendiciones que tanto necesitas, llegarán a tu vida.

PRINCIPIO FÉNIX PARA EL ÉXITO #75

Dios desea verte feliz, pleno y realizado. Él te apoya incondicionalmente en todo lo que emprendes. Conéctate a la frecuencia indicada por medio de la gratitud, para que los milagros y bendiciones que necesitas, lleguen a tu vida.

La clave para que todo lo que deseas ocurra, es que practiques la **gratitud**. Agradece de antemano, por todo lo que te rodea: las personas, tus bienes materiales y las circunstancias que estás viviendo, sean gratas o no, porque cada uno de estos elementos son tus maestros, los cuales te están preparando para el porvenir, para tu próximo *presente*.

Amado amigo, amada amiga, la gratitud es uno de los mayores catalizadores para atraer aceleradamente todo lo que *sí* deseas, para que tu vida se modifique positivamente. Aprende a extraer el dulce néctar de cada circunstancia, saca el mayor aprendizaje de todos tus fracasos e infortunios. De esa manera te convertirás en recolector de diamantes en el desierto. Lamentablemente, muchas personas, ignorantes de este mecanismo activador de la prosperidad, no han logrado entender que, en el momento que agradezcan todas las bendiciones que han recibido, la prosperidad y el amor llegarán a tu vida abundantemente, como cascada que fluye del cielo.

> Agradezco, por todas las bendiciones que he recibido, gracias, amoroso padre celestial, gracias por tu bondad infinita.

El héroe que hay dentro de ti

Recuerdo que cuando velamos a mi padre, fue una gran fiesta: cantamos, reímos y lloramos. Inclusive las personas que estaban en otras salas, entraban a ver qué estaba pasando, atraídos por el jolgorio. Entonamos la canción de Frank Sinatra *"A mi manera"*, un perfecto himno de despedida para mi padre. No podía evitar verlo en su ataúd y darme cuenta de que ya todo había terminado para él en este plano material. Recuerdo las palabras de un amigo que me dijo *"Tu padre se graduó y con honores";* vaya que así fue, porque se atrevió a vivir *a todo vapor.* Solo me resta decirle, **"Gracias Maestro,** porque aún en tu partida me diste una última **lección".**

Ahora es tiempo de que reflexionemos, ¿qué planeas hacer con lo que resta de tu vida?, ¿qué legado vas a dejar?, ¿cómo quieres ser recordado para la posteridad?, ¿estás listo para morir? ¡Wow! Yo todavía no estoy listo, todavía hay muchas cosas que deseo hacer, definitivamente no estoy listo.

Es tiempo de que te hagas responsable de todo lo que pasa en tu vida, te atrevas a soñar en grande y te pongas en acción, no solo respecto a todo lo que te he compartido en este libro, sino que también capitalices lo que has aprendido durante toda tu vida, para que por fin disfrutes -tú y tus seres queridos- de una vida extraordinaria y digna: *atrévete, que la vida es breve.* Es tiempo de dejar de posponer, es tiempo de que seas valiente, porque se requiere valor para emprender, para ir por tus sueños.

PRINCIPIO FÉNIX PARA EL ÉXITO #76

Deja de posponer y sé valiente.
Se requiere valor para ir por tus sueños. En tu casa se
requiere un héroe, cuyo ejemplo de esfuerzo, entrega y
pasión, inspire, impulse y motive.
¡Tú eres ese héroe!

En tu casa, se requiere urgentemente de un héroe, de una heroína, cuyo ejemplo de esfuerzo, de entrega y pasión, inspire, impulse y motive. ¡Eh! Si tú no eres ese héroe, ¿quién lo va a ser?, ¿acaso algún cantante de reggaetón, algún vulgar actor de televisión o tu vecino? ¡Atrévete y saca la casta! ¡Conviértete en ese héroe, que tanta falta hace en tu familia!

Tu entorno necesita tener un referente, enséñales a través de tu entrega a la vida, ¡levántate!, ¡triunfa!, ¡emprende todo eso que resuena en tu corazón y conviértete en luz para los que viven en oscuridad!, ¡tú puedes!, ¡créelo!

La misión

Cada uno de nosotros estamos destinados a cumplir una misión divina y esta misión, tiene como principal propósito, impactar positivamente en la vida de otras personas. Estamos destinados a triunfar, aunque la sociedad nos haya programado para fracasar. El principal elemento para iniciar el camino a la grandeza es que creas en ti. Mi amigo *Mario Sandoval* tiene como bandera y estandarte, difundir el mensaje: *"Yo creo en mi"*, y eso me conecta, porque: **podrás tomar muchos cursos, podrás haber nacido con una posición muy favorable,** podrás ser muy inteligente, pero si no crees en ti, de nada sirve. *Cree en ti y en la misión que tienes que cumplir.*

Conversaciones que quedan grabadas en el corazón

La **puerta** de la habitación de mi padre, estaba entreabierta, pero, de todos modos, toco para entrar. Del interior escucho la voz de él que me indica que entre. Ya tenía yo varios días buscando la oportunidad para hablar con él, respecto a su deseo de irse a vivir y trabajar a Panamá. Rebasaba los 70 años, pero estaba fuerte como un roble. Desafortunadamente, en el mundo laboral a esa edad, ya no es tan fácil encontrar trabajo.

Había preparado mil y un argumentos, entre lo lógico, lo irracional y si era necesario utilizaría más de un chantaje emocional para persuadirlo. Un hombre de convicciones firmes… ¡Sería una tarea titánica hacerlo cambiar de opinión! Entré a su habitación, estaba sentado frente a su escritorio, su computadora estaba encendida y alcancé a ver que leía un artículo que contenía información sobre Panamá. Había una pila de papeles a un lado, todos ellos de estudios socio económicos de dicha nación.

Mi padre siempre fue obsesivo en los temas que lo cautivaban. Tomando la delantera empezó a compartirme sus últimos estudios y análisis respecto al país centro americano, intentando convencerme sobre sus múltiples oportunidades de trabajo. **Sus ojos brillaban como los de un niño frente a un juguete nuevo.** Yo lo había notado ya un poco distraído, creo que deseaba ya partir.

En la primera oportunidad que tuve, le empecé a compartir mi opinión con respecto a su nueva aventura. Enfilé todos mis argumentos y literalmente, lo bombardee tratando de persuadirlo, sabiendo que solo tendría esa oportunidad. Argumenté cosas como que ya no tenía edad, que sus nietos lo extrañarían y más. Él guardó silencio total y me escucho por respeto, pero su mirada denotaba enfado. Aprovechando una pausa mía, mirándome a los ojos fijamente y con una tenue sonrisa, me dice: -Hijo esto ya lo hemos hablado más de una vez, por favor no me detengas, yo ya no puedo hacer muchos planes, porque no sé cuándo partiré- hace una pausa y continúa diciéndome **-Tengo todavía una canción que cantar al mundo, un poema que recitar, por favor no me detengas, porque no sé cuándo partiré-.**

Parafraseando un poema de *Gibran Jalil,* me dijo unas palabras que atesoro en mi ser: -Hijo *"Prefiero morir anhelante a vivir en el hastío"-.* Los ojos de mi padre se tornaron cristalinos, por las lágrimas que emergían de su alma, ya que esas palabras fueron inspiradas por su espíritu. No tuve ya ningún argumento más, así que **me limité a decirle que lo amaba.** Lo besé en la frente como solía hacerlo, lo abracé y le dije al oído: -*creo en ti* papa-. Me di la vuelta y salí de su cuarto, dejándolo que continuara con sus planes y aventuras. En ese momento, jamás pensé que poco tiempo después partiría para siempre a una nueva aventura, de la cual jamás regresaría, pero sé que se fue anhelante, con muchas ganas de seguir viviendo y cantando su canción al mundo.

Todo viaje tiene un aparente final. No creo que sea así. Mi padre siempre fue un eterno buscador, era su naturaleza.

Considero que donde se encuentre, sigue en la búsqueda. En la cultura hindú se habla de *"La Rueda de Samsara"*, que hace referencia al eterno ciclo de la vida, la muerte y el regreso a la vida y cada una de éstas, es solo una estación temporal. Ahora entiendo que la clave, es que, indistintamente a lo que creamos, debemos de aprovechar cada momento de nuestra vida, y si hay algo que nos une a todas las personas, es la misión de servir y dejar un legado de amor, como ofrenda a nuestro amoroso padre celestial, como muestra de nuestro agradecimiento por permitirnos disfrutar de tantas bendiciones.

Sé que tal vez en este momento tendrás retos, pero siempre recuerda que dentro de ti esta la capacidad de crear una vida maravillosa, *¡cree en ti! no estás solo(a).* Me ha tocado vivir muchos retos y siempre he visto la mano de Dios en los momentos de mayor oscuridad. Solo puedo decir *¡Gracias, amoroso Padre Celestial por todo tu amor, ¡tú provisión y tu providencia!* Ahora anhelante estoy, porque mi corazón me dice que alguna vez, no sé dónde, ni cómo, volveré a ver a los ojos a mi padre y en ese momento, podré volver a abrazarlo, besaré su frente y le diré *"Te amo".*

Muchas de tus decisiones y acciones, aparentan ser insignificantes, como el aleteo de una mariposa, pero te aseguro que, si adoptas y pones en acción en tu vida diaria los principios que te compartí, que he aprendido de mis amados maestros y mentores, tu vida tomara un rumbo positivamente diferente. **La vida está llena de bifurcaciones, te aseguro que el día de hoy estas delante de una de ella:** continuar con tu vida como normalmente la llevas, o tomar una decisión *"en pos"* de una vida llena de logros y éxitos.]Te aseguro que, si tomas la decisión adecuada, ese aleteo de mariposa, se convertirá en un tornado, que revolucione tu vida, de tal manera que jamás volverá a ser igual, créelo.

Solo resta decirte: *"Gracias amado amigo, amada amiga por permitirme ser tu compañero en este viaje de autodescubrimiento y reflexión. De corazón te digo que te deseo lo mejor, que logres todos tus objetivos, que tengas una vida extraordinaria, que encuentres el sentido de tu existir para activarlo como tu misión de vida, que impactes positivamente la vida de muchas personas y vivas apasionadamente".*

Por lo tanto: *"¡Atrévete!, Mi amado Conquistador de Sueños a cantarle al mundo esa canción que está depositada en tu ser! ¡Vive la vida, disfrútala y trasciende cumpliendo tu misión! ¡Sueña, sueña en grande y ten el valor de convertir en realidad cada uno de tus sueños! ¡Eh, no importa si te dicen que estás loco o loca!"*

Porque recuerda: **Los locos, son los que cambian el mundo.**

¡Atrévete!, ¿qué tal y si sí?, ¿por qué no?, ¡vamos a intentarlo! ¡Inguezú!

Tu amigo
Joel G. Martínez Luna

PRINCIPIOS FÉNIX PARA EL ÉXITO

PRINCIPIO FÉNIX PARA EL ÉXITO #1
¡Deja de mendigar migajas a la vida!
¡Deja de tolerar!

PRINCIPIO FÉNIX PARA EL ÉXITO #2
¡Abre tus ojos! En vez de victimizarte, extrae el aprendizaje de esa circunstancia, para que la puedas trascender y te prepare para enfrentar nuevos retos con mayor sabiduría.

PRINCIPIO FÉNIX PARA EL ÉXITO #3
Implementa acciones que te permitan dejar fluir la energía estancada, para hacer una transformación positiva en tu vida.

PRINCIPIO FÉNIX PARA EL ÉXITO #4
Para que tu vida empiece a cambiar, debes primero tomar el timón de tu barco, haciéndote responsable de lo que te está ocurriendo.

PRINCIPIO FÉNIX PARA EL ÉXITO #5
Vacía tu maleta de cargas emocionales. Tira el lastre que ya no te corresponde o no te sirve y que no te permite avanzar.

PRINCIPIO FÉNIX PARA EL ÉXITO #6
Perdónate por tus errores y perdona a las personas que te han dañado. Te liberarás del sufrimiento emocional y podrás enfocarte en lo que quieres.

PRINCIPIO FÉNIX PARA EL ÉXITO #7
Reconócete merecedor de una nueva oportunidad para ser feliz, para triunfar, para tener una vida con sentido. ¡Cree en ti!

PRINCIPIO FÉNIX PARA EL ÉXITO #8
¡Atrévete a soñar en grande! Si tienes la capacidad de soñar, es porque también tienes la capacidad de manifestar tus sueños.

PRINCIPIO FÉNIX PARA EL ÉXITO #9
Fortalece tu autoimagen todos los días: Establece pequeños objetivos qué cumplir y cúmplelos. Es la manera más sólida de recuperar tu capacidad de soñar en grande.

PRINCIPIO FÉNIX PARA EL ÉXITO #10
La vida y las personas, muchas veces nos van a golpear, tratando de noquearnos y que desistamos de nuestros sueños. Encuentra un poderoso por qué y resistirás cualquier adversidad.

PRINCIPIO FÉNIX PARA EL ÉXITO #11
Transforma tus anhelos en objetivos, convierte tus acciones en hábitos y no desistas ni un solo día: ¡La constancia es la madre del éxito!

PRINCIPIO FÉNIX PARA EL ÉXITO #12
El poder de crear tu futuro inicia con una decisión. Toma una decisión hoy, acompañada de acción y refréndalo a diario, hasta que lo logres.

PRINCIPIO FÉNIX PARA EL ÉXITO #13
¡Olvídate del cómo! Mientras permanezcas enfocado en lo que quieres y esto te haga emocionarte, atraerás lo que deseas en el momento preciso.

PRINCIPIO FÉNIX PARA EL ÉXITO #14
Triunfar es fácil.

PRINCIPIO FÉNIX PARA EL ÉXITO #15
Jamás pierdas el enfoque. Una vez que clarifiques lo que quieres, mantente atento y expectante a tu objetivo, hasta lograrlo.

PRINCIPIO FÉNIX PARA EL ÉXITO #16
Dedica tiempo a reflexionar lo que te conviene, antes de dedicar tiempo y energía para crearlo.

PRINCIPIO FÉNIX PARA EL ÉXITO #17
Rodéate de los elementos necesarios que estimulen tus
sentidos, para mantenerte emocionado con tus objetivos.

PRINCIPIO FÉNIX PARA EL ÉXITO #18
Para lograr lo que tanto deseamos, nuestros anhelos
deben de permanecer el tiempo suficiente con nosotros
¡Construye un Atrapa sueños!

PRINCIPIO FÉNIX PARA EL ÉXITO #19
Encuentra tus cómplices para el éxito:
Identifica a las personas en tu misma sintonía. Aléjate de
las quienes no suman a tus sueños y rodéate de
chingones.

PRINCIPIO FÉNIX PARA EL ÉXITO #20
Decreta, declara y visualiza con emoción, todos los días.

PRINCIPIO FÉNIX PARA EL ÉXITO #21
Inicia una revolución en tu vida utilizando como un
cañón que te catapulte hacia el éxito, uno de tus recursos
más importantes: tu pasado.

PRINCIPIO FÉNIX PARA EL ÉXITO #22
Resignifica tu pasado: sana tus heridas, cierra ciclos y
busca un nuevo nivel de consciencia.

PRINCIPIO FÉNIX PARA EL ÉXITO #23
Desconéctate del drama y del victimismo por haber sufrido: haz un listado de los retos más fuertes que ha vivido y escribe a un lado qué aprendiste de cada uno.

PRINCIPIO FÉNIX PARA EL ÉXITO #24
Pon las cosas en su lugar y convierte tus errores en fortalezas: entrénate y capacítate, hasta ser un experto en aquello que deseas.

PRINCIPIO FÉNIX PARA EL ÉXITO #25
A partir de ahora, cada vez que ocurra un suceso "desagradable" en tu vida, realiza un re encuadre y pregúntate: ¿Cuál es mi parte responsable?, ¿qué puedo aprender de todo esto?

PRINCIPIO FÉNIX PARA EL ÉXITO #26
Libérate de culpas, miedos, frustración e irritabilidad. Toma cada una de las maravillosas lecciones que la vida te ha otorgado para crecer y lograr tus objetivos.

PRINCIPIO FÉNIX PARA EL ÉXITO #27
Pon atención a tu alrededor y podrás identificar a verdaderos maestros de vida, que aún a pesar de los tremendos retos que viven, se aferraron a sus sueños y ahora son inspiración para nosotros. Cada vez que dudes de tu capacidad, echa un vistazo a su historia.

PRINCIPIO FÉNIX PARA EL ÉXITO #28
La respuesta a tus incógnitas reside dentro de ti:
¡Deja de buscar afuera!
Dedica tiempo para reflexionar y conocerte.

PRINCIPIO FÉNIX PARA EL ÉXITO #29
Dedica tiempo a entender cómo funciona "tu voz interior", entrénala y se convertirá en una fuente de sabiduría.

PRINCIPIO FÉNIX PARA EL ÉXITO #30
Alimenta tu mente sólo con información de la mejor calidad, lo bueno, positivo y enriquecedor.

PRINCIPIO FÉNIX PARA EL ÉXITO #31
Exponte a momentos que te ayuden a mejorar, acrecentar y fortalecer tu autoimagen y tu seguridad ¡Atrévete a enfrentar tus miedos y construye una imagen de campeón!

PRINCIPIO FÉNIX PARA EL ÉXITO #32
Busca modelar personas que representen la autoimagen que te gustaría tener, que te sirvan de guía en tu proceso al éxito.

PRINCIPIO FÉNIX PARA EL ÉXITO #33
¡No te compares con nadie! ¡Eres único!

PRINCIPIO FÉNIX PARA EL ÉXITO #34
*Encuentra una motivación interna para realizar
los cambios necesarios en tu vida y que estos,
sean permanentes.*

PRINCIPIO FÉNIX PARA EL ÉXITO #35
*Siempre que emprendas algo que nunca hayas logrado
habrá retos en el camino. ¡Atrévete a salir de la zona de
confort y demoler paradigmas!*

PRINCIPIO FÉNIX PARA EL ÉXITO #36
*Con un nivel de consciencia más elevado, entiende y
acepta que, en el camino al logro de tus sueños, habrá
oposición por parte de tus seres amados. Muchos de ellos
se convertirán en detractores, pero actúan así, no porque
no te amen sino debido a sus paradigmas, creencias,
experiencias del pasado y programas mentales heredados.*

PRINCIPIO FÉNIX PARA EL ÉXITO #37
*Avanza con paso firme y sin titubear; recurre a la acción
masiva. Que los frutos que coseches sean los encargados
de hablar por ti.*

PRINCIPIO FÉNIX PARA EL ÉXITO #38
*Identifica qué elementos te ayudan a mantenerte en un
estado óptimo, de paz, empoderamiento y con altos niveles
de energía.*

PRINCIPIO FÉNIX PARA EL ÉXITO #39
*Aprende a gestionar adecuadamente las emociones que
experimentas como "desagradables", para evitar que
permanezcan en ti más tiempo del debido y afecten
diversas áreas de tu vida.*

PRINCIPIO FÉNIX PARA EL ÉXITO #40
No existen sueños inalcanzables,
solo esfuerzos insuficientes.

PRINCIPIO FÉNIX PARA EL ÉXITO #41
Emprende solamente lo que te apasione, así tendrás la
garantía de que nunca más fracasarás, pues lo que haces
con pasión no lo abandonas.

PRINCIPIO FÉNIX PARA EL ÉXITO #42
Construye una filosofía de vida pro-éxito que brinde
significado a tu misión y que te permita moldear tu
camino, vivir con sentido y plenitud.

PRINCIPIO FÉNIX PARA EL ÉXITO #43
Identifica las "ideas preconcebidas" que han sido
implantadas por opiniones o referencias de personas
importantes en tu vida y que influyen -positiva o
negativamente- en tu criterio, al momento de tomar una
decisión.

PRINCIPIO FÉNIX PARA EL ÉXITO #44
Identifica las ideas bajo las que te desarrollaste y que
convertiste en creencias a través de las experiencias que
fuiste acumulando ¿Cuáles creencias son potenciadoras
de tu capacidad? ¿Cuáles limitan tu potencial?

PRINCIPIO FÉNIX PARA EL ÉXITO #45
¿Qué sucesos de alta emocionalidad o gran significado
(improntas) han marcado tu vida y con ello establecido
creencias que has convertido en verdaderas?

PRINCIPIO FÉNIX PARA EL ÉXITO #46
Identifica cuáles son tus valores. Una vez que tengas claro cuáles son, has consciencia de si, tus valores están alineados con tus objetivos. Si descubres que no es así, implementa un plan de acción para alinearlos.

PRINCIPIO FÉNIX PARA EL ÉXITO #47
¿Qué ideas y opiniones te conviene escuchar? Elige meticulosamente a quién escuchar. Escucha solamente a las personas cuya filosofía de vida es congruente con tus sueños, de tal manera que alinees tus valores y tus objetivos.

PRINCIPIO FÉNIX PARA EL ÉXITO #48
¿Quién tiene el resultado que ya deseas? Sigue a las personas que ya tienen el resultado, pues significa que su modelo de creencias y valores los llevó a donde están. No escuches a los demás solo porque tus ideas son similares a las suyas o estarás destinado a quedarte donde estás.

PRINCIPIO FÉNIX PARA EL ÉXITO #49
Cada suceso en tu vida, será como un martilleo que te fortalecerá para el siguiente reto y templará tu carácter hasta convertirte en una obra majestuosa ¡No evadas la lección!

PRINCIPIO FÉNIX PARA EL ÉXITO #50
El tiempo es uno de tus recursos más importantes en el camino al éxito, ahórralo tomando la sabia decisión de conseguir un mentor en el área en la que quieres dar un salto cuántico.

PRINCIPIO FÉNIX PARA EL ÉXITO #51

Una de las principales causas de fracaso en cualquier área de la vida, es elegir erróneamente. Establece parámetros de elección y busca asesoría de alguien que vaya más adelante que tú siempre que vayas a tomar una decisión.

PRINCIPIO FÉNIX PARA EL ÉXITO #52

No podemos ayudar a nadie. No te desgastes en el camino intentando cargar con los problemas de otros. Lo mejor que puedes hacer por ellos es ser feliz, cumplir tu misión y brillar. Desde esa posición es más fácil impactar positivamente en su vida.

PRINCIPIO FÉNIX PARA EL ÉXITO #53

Clarifica tu misión y construye una visión de tu camino; esto te convertirá en un imán que atraerá a las personas correctas. Que tus resultados, tu congruencia y tu pasión sirvan de inspiración a otros.

PRINCIPIO FÉNIX PARA EL ÉXITO #54

No trabajes sólo, avanza en manada. Alcanzar mayores victorias solo se logra si avanzas en manada. Si ahora estás sólo ¡Encuentra personas valiosas que apoyen tu visión!

PRINCIPIO FÉNIX PARA EL ÉXITO #55

No subestimes tus acciones diarias, toma en cuenta el poder de los hábitos. Toda gran obra, inicia con una "humilde" acción. ¡Continúa trabajando todos los días hasta que termines tu majestuosa edificación!

PRINCIPIO FÉNIX PARA EL ÉXITO #56
El éxito es una ciencia exacta, como preparar un platillo:
para cocinarlo y que quede delicioso, se requerirán
ciertos ingredientes y utensilios. Si quien va a cocinarlo
tiene
la receta, consigue los elementos que se necesitan y si
sigue fielmente las instrucciones, obtendrá el resultado
deseado. Una vez que clarifiques tu objetivo, crea un
proceso con las acciones específicas a realizar cada día y
acompáñalo
con un mentor que te guíe en la realización de tu receta.

PRINCIPIO FÉNIX PARA EL ÉXITO #57
¿Por qué motivo quieres conseguir lo que deseas?
Define si tus objetivos te motivan y brindan la energía
requerida para tomar acción. Encuentra la manera de
resignificarlos si no tienen un significado poderoso o
cambia a objetivos que realmente te motiven a tomar
acción masiva.

PRINCIPIO FÉNIX PARA EL ÉXITO #58
Detecta si el cumplimiento de tu objetivo, te ayuda a
cubrir eficazmente tus necesidades más urgentes o ajusta
tu objetivo al cumplimiento de tus necesidades actuales
para posteriormente tener la energía de ir por algo más
grande.

PRINCIPIO FÉNIX PARA EL ÉXITO #59
¡Claridad es poder!
Ten un objetivo claro, específico, con una posible fecha,
que sea retador, que te motive con solo pensar que ya lo
lograste y que tenga gran significado para ti.

PRINCIPIO FÉNIX PARA EL ÉXITO #60
Modela el éxito de otros: identifica personas que ya tienen el fruto en el árbol (del objetivo que tú deseas lograr), estúdialas e identifica qué hicieron ellos para tener el éxito del que disfrutan.

PRINCIPIO FÉNIX PARA EL ÉXITO #61
Paga el precio de tener un mentor con una metodología "A, B, C, D" en el proceso del éxito. La proximidad es el atajo para tu éxito.

PRINCIPIO FÉNIX PARA EL ÉXITO #62
¡Apaláncate del dolor y del placer al momento de ir en busca de tu objetivo!
Del dolor de no lograrlo y del placer de saber cómo sería tu vida y la vida de tus seres amados si lo logras.

PRINCIPIO FÉNIX PARA EL ÉXITO #63
Identifica tus recursos internos y externos, para que sea más fácil lograr tu objetivo. En caso de darte cuenta de que no cuentas con los recursos suficientes para lograrlo, amplía tu "caja de herramientas".

PRINCIPIO FÉNIX PARA EL ÉXITO #64
El resultado de tu emprendimiento, va a estar estrechamente ligado a tus niveles de energía. Requerirás altos niveles de energía para triunfar y disfrutar tus sueños. Bajos niveles de energía, tendrán como fruto, resultados no deseados.

PRINCIPIO FÉNIX PARA EL ÉXITO #65
Mantente en movimiento siempre.
Eso te ayudará a crear cada vez mayores niveles de
energía. Influirás en las personas que te rodean,
generando movimiento en ellas también.

PRINCIPIO FÉNIX PARA EL ÉXITO #66
Toma muy en serio tener los cuidados necesarios con tu
cuerpo, ya que es el vehículo más importante para lograr
el éxito. Tendrás que dedicar tiempo, dinero y esfuerzo
para que tu vehículo funcione eficazmente y mantener la
energía suficiente, para que te transporte en tu día a día.

PRINCIPIO FÉNIX PARA EL ÉXITO #67
Dedica tiempo todos los días a oxigenar tu mente y tu
cuerpo. Prestar atención a tu respiración, te ayudará a
reducir el estrés, aumentar tu enfoque y realizar cada vez
mayores proezas.

PRINCIPIO FÉNIX PARA EL ÉXITO #68
Haz lo que sea necesario para tener un descanso
reparador todos los días; el descanso es uno de los
factores determinantes de tu energía y enfoque para que
puedas hacer diariamente las actividades necesarias de la
escalera del éxito.

PRINCIPIO FÉNIX PARA EL ÉXITO #69
Aliméntate todos los días de la manera más saludable
posible, evita alimentos que enlentecen tu metabolismo y
te roban energía de movimiento. No olvides activarte
diariamente. Al principio parecerá que el ejercicio te
agota, pero cuando lo conviertas en un hábito, te llenará
de energía y tu propio cuerpo te lo pedirá.

PRINCIPIO FÉNIX PARA EL ÉXITO #70
Convierte la meditación en un hábito diario. Además de los grandiosos beneficios comprobados que puedes generar, meditar te ayudará a tomar mejores decisiones, mantenerte tranquilo ante los retos de la vida y ser más asertivo en tu manera de enfrentar tu día a día.

PRINCIPIO FÉNIX PARA EL ÉXITO #71
Presta especial cuidado a las personas que te rodean y cuida tus vínculos valiosos. Las personas que suman, formarán parte importante de tus emociones. Si tuviste un mal día, por ejemplo, salir a distraerte con alguien que amas y tener una sesión de riso terapia te ayudará a reestablecerte emocionalmente.

PRINCIPIO FÉNIX PARA EL ÉXITO #72
Cuida tus pensamientos, pues estos generan emociones y las emociones son las que nos movilizan o nos paralizan en el camino al éxito.

PRINCIPIO FÉNIX PARA EL ÉXITO #73
Si hay una clave para vivir en plenitud, es la de entregarte a la vida apasionadamente, de tal manera que ella se entregue irremediablemente a ti.

PRINCIPIO FÉNIX PARA EL ÉXITO #74
Date la oportunidad de ver el atardecer, bailar, reír, besar, amar, caminar a la orilla de la playa, disfrutar de todo lo maravilloso, ser feliz, bendecir y agradecer, porque si no eres feliz ahora con lo que tienes, no lo serás tampoco con lo que te falta.

PRINCIPIO FÉNIX PARA EL ÉXITO #75
Dios desea verte feliz, pleno y realizado. Él te apoya incondicionalmente en todo lo que emprendes. Conéctate a la frecuencia indicada por medio de la gratitud, para que los milagros y bendiciones que necesitas, lleguen a tu vida.

PRINCIPIO FÉNIX PARA EL ÉXITO #76
Deja de posponer y sé valiente.
Se requiere valor para ir por tus sueños. En tu casa se requiere un héroe cuyo ejemplo de esfuerzo, entrega y pasión, inspire, impulse y motive.
¡Tú eres ese héroe!

PRINCIPIO FÉNIX PARA EL ÉXITO #77
¡Cree en ti y en la misión que tienes que cumplir!
Si no crees en ti, nadie más lo hará.

Academia de Éxito Extremo

¡Felicidades por haber terminado de leer esta obra!

Es momento de festejar, y como premio, tengo para ti un bono especial valuado en $20 dólares, aplicable en cualquier entrenamiento de la *Academia de Joel Gil Martínez*.

La Academia es una plataforma educativa, en la cual encontrarás entrenamientos específicos, para apoyar tu desarrollo personal y emprendimiento.

- Inteligencia emocional.
- Desarrollo del ser.
- Educación Financiera.
- Ventas y emprendimiento.
- Redes de mercadeo.

Para solicitar más información mándanos un mensaje por email a joelmartinezcoach@gmail.com o envía un mensaje por WhatsApp +524774713587.

Cupón de descuento: **librocupon1**

Elige tu curso aquí y aplícalo en la plataforma educativa:

https://cursos.gilmartinez.training/

¿Necesitas un Coach o Mentor?

¿Estás listo para dar un salto cuántico y pasar al siguiente nivel, pero no sabes cómo?

Hay cuatro tipos de personas en el mundo del emprendimiento:

1. Personas que no saben lo que quieren.
2. Personas que saben lo que quieren, pero no saben cómo lograrlo.
3. Personas que saben lo que quieren, saben cómo lograrlo, toman acción, pero no están teniendo resultados.
4. Personas que saben lo que quieren, saben cómo lograrlo, están teniendo resultados, pero desean aún más.

Sin importar en qué situación y momento te encuentres, tener **un mentor, un guía, un espejo** en la toma de tus decisiones importantes te apoyará para clarificar tus objetivos y crear un plan de acción que te catapulte hacia el éxito, **¡Triunfar es más sencillo de lo que crees!** Por eso, hemos creado el programa de "Coaching Extremo" en el cual te acompañaremos en tu camino rumbo al éxito. Si deseas más información entra a la siguiente web:

https://joelgilmartinez.com/joel-tu-coach/

Espero que contactemos pronto.
Tu amigo
Joel Martínez Luna
Master Coach & Psicólogo

Redes sociales

Fan Page Ventas y Emprendimiento

www.facebook.com/psicjoelmartinez

Grupo de Facebook

Comunidad Conquistadores de Sueños

www.facebook.com/groups/187083671894562/

YouTube **Joel Martínez Coach**

www.youtube.com/c/JoelMartinezcoach

Tiktok **Psic Joel Martinez**

Página Web **www.joelgilmartinez.com**

Made in the USA
Monee, IL
29 April 2023

32607861R00152